英译袁枚绝句100首

An English Translation of 100 Quatrains

by

Yuan Mei

Author: Yuan Mei
Translators: Zheng-shuan Li & Hou-yin Ding
Editors: Hou-yin Ding & Ai-qun Ding

作者: 袁枚

翻译: 李正栓、丁后银

编辑:　丁后银、丁爱群

An English Translation of 100 Quatrains by Yuan Mei
Author: Mei Yuan
Translators: Zheng-shuan Li (No. P01-50)
　　　　　　Hou-yin Ding (No. P51-100)
Editors: Hou-yin Ding & Ai-qun Ding
Language: Chinese and English
Publisher: Chicago Academic Press, Nov. 15, 2024
ISBN 978-1-965890-02-8

英译袁枚绝句 100 首

作　者　袁枚

编　辑　丁后银、丁爱群

翻　译　李正栓、丁后银

语　言　中文、英文

出版社　芝加哥学术出版社 2024 年 11 月 15 日

书　号　978-1-965890-02-8

Library of Congress Control Number: 2024950303

Publishing　Chicago Academic Press
　　　　　　Chicago Illinois
E-mail　　　contact@chicagoacademicpress.com
Website　　 http://chicagoacademicpress.com/

Book Size　 6X9 inches
First Edition May 8, 2024

序

诗者，心海之波澜，情感之流露；译者，文化之舟楫，意趣之桥梁。李正栓、丁后银二位先生，以渊博学识与深厚造诣，横跨中西文化之鸿沟，精心甄选袁枚先生之四行诗佳作百首，并译为英文，使之跨越时空，走向世界。此举不仅是对袁枚先生文学遗产之传承与弘扬，更是中西文化交流之盛事，令人赞叹不已。

袁枚先生，清朝中期之杰出诗人、散文家，以其才华横溢、情感真挚而著称于世。其四行诗，独抒性灵，不拘一格，清新自然，意境深远。字里行间，既见生活之琐碎温馨，又显自然之壮丽雄浑，更蕴人生哲理之深邃。李正栓、丁后银二位先生以英文译之，力求保留原诗之神韵与韵味，使海外读者亦能领略到袁枚先生之文学魅力，实乃功德无量之举。

英译之难，难于上青天。二位先生凭借对原诗之深刻理解与精准把握，以及高超之翻译技巧与不懈之努力，终使此百首英译四行诗得以问世。读之如饮甘露，沁人心脾；品之似赏名画，赏心悦目。二位先生之翻译成果，不仅是对袁枚先生诗作之精准再现，更是对中华文化之一次有力的传播与推广。

在此译著之中，佳译俯拾即是。李正栓先生将《苔》译为 Ode to the Flowers of Moss，赋予该诗庄重之感，精准地捕捉到了原诗之神韵，更以其深邃之理解，赋予了苔这一细微之物以生命与灵魂。"In the shade where sunshine cannot reach, /Youthful spring exists in robust energy." 此言一出，幽暗潮湿之地，苔藓翠绿盎然，生机勃勃，仿佛诉说着生命之顽强与不屈。"Its flowersareso small like grains of millet, / Also learning from peony to bloom happily." 此处，李先生巧妙地将苔花之微小与牡丹之富丽堂皇相对比，却以"学习"二字，赋予了苔花以谦逊与坚韧之品格。苔花虽小，却亦有其绽放之美，正如人生于世，无论出身如何，皆应自强不息，勇于追求梦想与美好。

李正栓先生之译作，体现了其对诗歌建筑美及音律对称美的不懈追求。以英文之韵律，捕捉苔之细微之美，花之坚韧之志，令人读来心生敬意，感叹不已。

丁后银先生之译作，则如清泉石上流，清新脱俗。以英文之韵律，捕捉了范公作为宋代名相之清廉高洁，以及其身处乱世、心系家国之情怀。"As prime minister of the Song Dynasty, / You were a clean and ethical scholar." 此句开篇即点明范公身份，以"clean and ethical scholar"精准概括了其人格魅力，令人肃然起敬。"Although the northwest battles troubled thee, / You told Zhang not to research war after." 后续之句，则展现了范公面对外患时之坚定立场与深谋远虑。丁先生以"troubled thee"组合，生动地描绘了战乱对范公之影响，而"told Zhang not to research war after"则巧妙地传达了范公主张和平、反对无谓战争的远见卓识。丁先生之译作，不仅忠实地再现了原诗之意境与情感，更以其深厚的文学功底与翻译技巧，使之焕发出新的光彩。Ode to Fan Zhong'yan 是对范公精神的传承与颂扬。

《英译袁枚四行诗 100 首》为李正栓、丁后银二位先生呕心沥血之作，他们以中英文之双璧构建了一座文化交流的桥梁。通过此译著，读者得以跨越语言之障碍，领略袁公笔下之世界之美妙与深邃。此书之出，定能引发广泛共鸣与热烈反响，成为中西文化交流史上之又一瑰宝。愿此书如春风化雨般滋润每一位读者的心田，让袁公之文学精神在世界各地生根发芽、开花结果！

霍跃红
大连外国语大学教授
中国英汉语比较研究会典籍英译专业委员会 副会长
2024.10.18

Preface

A poet's expression of emotions is like the waves of the sea of hearts; A translator is like the boat of culture or the bridge of interest. Mr.Li Zheng-shuan and Mr. Ding Hou-yinhave crossed the cultural gap between China and the West, carefully selected and translated 100 of Mr. Yuan Mei's quatrains (four-line poems) into English with their profound knowledge and expertise, enabling them to transcend time and space and reach the world. This admirablemove is not only a continuation and promotion of Mr. Yuan Mei's literary heritage but also a grand event of cultural exchange between China and the West.

Mr. Yuan Mei was an outstanding poet and essayist in the mid Qing Dynasty, known for his talent and sincere emotions. Hisfresh and natural quatrains have expressed his inner spirit independently with a profound artistic conception. Between the lines, one can see the triviality and warmth of life, the grandeur and magnificence of nature and the profound philosophy of life. Mr. Li Zheng-shuan and Mr. Ding Hou-yin have translated the quatrains into English, striving to preserve the charms of the original quatrains.Their meritorious acts will help the overseas readers appreciate Mr. Yuan Mei's literary charms.

Translation of Chinese Poetry into English is like flying in the sky. The two gentlemenultimately have this translation published with their profound understanding and precise grasp of the original poem,their superb translation skills and unremitting efforts. Reading the translation is like drinking sweet nectar, refreshing the heart and spleen; thinking deeply about the quatrains is like tasting them, pleasing to my eye. These achievements are not only an accurate reproduction of Yuan Mei's quatrains but also a powerful dissemination and promotion of Chinese culture.

There appear many excellent translations in this translation. When Mr. Li Zheng-shuan translates "Ode to the Flowers of Moss", he empowers the poem a sense of solemnity, which accurately captures the spirit of the original poem; His profound understanding gives a life and soul to this subtle object of moss.

"*In the shade where sunshine cannot reach, /Youthful spring exists in robust energy.*" As soon as you read this sentence, you see the moss is lush green and full of vitalityin the dark and damp place, as if it tells the tenacity and indomitable spirit of life. "*Its flowers are so small like grains of millets, /Also learning from peony to bloom happy.*" Mr. Li cleverly contrasts the small size of moss flowers with the grandeur of peonies, using the word "learning" to give moss flowers a humble and resilient character. Although moss flowers are small, they also have their own beauty of blooming. One should strive for self-improvement and courageously pursue dreams and beauty regardless of one's background.

Mr. Li Zheng-shuan's translation reflects his relentless pursuit of the beauty of poetry embodied in its sound, form and sense. The rhythm of English, the subtle beauty of moss and the resilience of flowers have deeply touched my heart with respect and admiration.

Mr. Ding Hou-yin's translation is like a clear spring, fresh and refined. He is good at the rhythm of English, which captures the integrity and nobility of Fan Zhong-yan as a famous minister of the Song Dynasty, as well as his feelings of being in troubled times and caring for his family and country. *As the prime minister of the Song Dynasty,/You were a clean and ethical scholar.* This sentence begins by pointing out Fan Zhong-yan's identity, accurately summarizing his inspiring personality charm with "*clean and ethical scholar*". The following sentence *Although the northwest battles troubled them,/You told Zhang not to research war after* demonstrates Fan Zhong-yan's firm stance and foresight in the face of external threats. Mr. Ding vividly depicts the impact of war on Fan Zhong-yan through the combination of *troubled thee*, while *told Zhang not to research war after* cleverly conveys Fan Zhong-yan"'s vision of peace and opposition to the meaningless wars. Mr. Ding's translation not only faithfully reproduces the artistic conception and emotions of the original poem but also shines with new brilliance with his profound literary skills and translation techniques. *Ode to Fan*

Zhong'yan is the inheritance and praise of the spirit of Fan Zhong-yan.

The English translation of 100 quatrains by Yuan Mei is the painstaking work of Mr. Li Zheng-shuan and Mr. Ding Hou-yin, they built a bridge of cultural exchange between Chinese and English. With the help of this translation, readers can overcome language barriers and appreciate the beauty and depth of the world depicted by Yuan Mei. The publication of this book is bound to trigger the readers' widespread resonance and enthusiastic response, which is another treasure in the history of cultural exchange between China and the West. May this book nourish the hearts of every reader like a spring breeze and rain, allowing the literary spirit of Yuan Mei to take root, sprout, blossom, and bear fruits all over the world!

HuoYue-hong
Professor at Dalian Foreign Studies University
Vice Chairman of the Professional Committee for Translating
Classics into English of the Chinese Association for Comparative
Studies of English and Chinese
2024.10.18

F

CONTENTS
目录

1. 钱塘江怀古

江上钱王旧迹多，
我来重唱百年歌。
劝王妙选三千弩，
不射江潮射汴河。

Reflection on the Qian-tang River

There are historic sites about Qian Miu,

I come to sing THE ELDER SONG again.

If millions of troops had belonged to you,

You'd have killed foes, not Grendel then.

注：

[1]诗即景怀古，郁勃着一股豪气，年轻诗人于射潮治海塘与射朱温图帝业之间，倾慕后者，可见其当时政治上的雄心壮志。钱塘江：旧称浙江。此处钱塘江乃专指由杭州市闸口以下注入杭州湾一段，江口呈喇叭状。海潮倒灌，成著名的钱塘潮。怀古，追念古昔之事。

[2]钱王：指五代时吴越国建立者钱镠(852—932)，其在位期间曾征发民工修建钱塘江海塘。

[3]《百年歌》：乐曲名。据《旧五代史·庄宗纪》一：唐末李克用破孟方立后，置酒于三垂岗，乐作，伶人奏《百年歌》，陈其衰老之状，声调凄苦。克用引满，将须指李存勖曰："老夫壮心未已，二十年后，此子必战于此。"作者借此表达设想激励钱王"壮心"之意。

[4]三千弩：苏轼《八月十五看潮五绝》其五："安得夫差水犀手，三千强弩射潮低。"

[5] 汴河：唐宋时称隋代所开古运河通济渠之东段为汴河。汴河经汴京(今河南开封)，故指代建都汴京的后梁太祖朱温。唐开平元年(907)罗隐曾劝钱镠讨伐后梁，但未被采纳。

[6]*Grendel* 在古英国史诗《贝奥武夫》中，格伦德尔是一只雄性怪兽，最终被贝奥武夫杀死。这里使用英国的 *Grendel* 替代中国的海神。

2. 琵琶亭

孤亭月落九江秋，
弹过琵琶水尚愁。
今日芦花笑词客：
不曾老大已飘流！

Pavilion of the Chinese Lute

The pavilion observes the moon setting on the west at fall,

Remembering the merchant's wife in the boat playing the lute.

Today the reed catkins welcome me as if they have seen it all,

They've never known that her husband in business wandering en route.

注：

[1]此诗作于乾隆元年(1736)，原见《小仓山房诗集》卷一。是年作者迫于生计由杭州赴广西探望叔父，途经江西九江。诗触景生情，思古慨今，油然而生天涯沦落之感，词句中浸染着感伤的情调。琵琶亭，在江西九江西大江之滨，唐诗人白居易于元和十年(815)贬官九江郡司马，十一年(816)秋送客湓浦口，闻舟中夜弹琵琶者，听其音，问其人，因为长句，歌以赠之，命曰《琵琶行》(据《琵琶行·序》)，后人因以名亭。

[2]九江：在江西省北部、长江南岸。明、清为九江府治。

[3]弹过琵琶：指《琵琶行》所写商人妇当年在江舟上弹过琵琶。水：即九江边之浔阳江水。

[4]芦花：《琵琶行》："浔阳江头夜送客，枫叶荻花秋瑟瑟。"荻花即芦花。词客：诗人自称。

[5]老大：年长。《琵琶行》："门前冷落鞍马稀，老大嫁作商人妇。"飘流：背井离乡，飘泊在外。

3. 题柳毅祠

风鬟雨带藕丝裙，
素手传笺寄暮云。
世上女儿多误嫁，
诸龙羞恼洞庭君。

An Inscription to Liu Yi's Temple

You saw a dragon maid wearing a pinkish skirt with messy hair

And took a letter from her slender hand to her dear Dragon King.

On many occasions some girls married wrong men in despair;

This time her husband had upset the Dragon King, an awful thing.

注：

[1]此诗作于乾隆元年(1736)作者离桂林赴北京应试途中，原见《小仓山房诗集》卷一。诗借历史传说中龙女的遭际，衬托封建社会现实生活中妇女婚姻的不幸，寄予了深切的同情。柳毅，据唐人李朝威小说《柳毅传》：书生柳毅应举下第，过陕西泾阳时遇到洞庭龙女，龙女受夫泾川龙子虐侍，被逐在野外牧羊，柳毅乃仗义援助，为牧羊龙女传书给其父洞庭君。洞庭君之弟钱塘君将龙女救回，后柳毅与龙女几经曲折而结成夫妇。后人为柳毅立祠于洞庭湖边。

[2]风鬟雨带：形容龙女发髻、发带散乱，与"风鬟雨鬓"意近。《柳毅传》："昨下第，闲驱泾水右涘，见大王爱女牧羊于野，风鬟雨鬓，所不忍视。"藕丝裙：藕色丝裙。李贺《天上谣》："粉霞红绶藕丝裙。"

[3]素手：皮肤白嫩的手。《古诗十九首》："娥娥红粉妆，纤纤出素手。"传笺：谓龙女托柳毅传递书信。暮云：傍晚的云霞。王维《观猎》："回看射雕处，千里暮云平。"此处"寄暮云"有寄送到千里暮云之外的洞庭湖之义。

[4]洞庭君：即《柳毅传》所谓"洞庭龙君"，洞庭湖之龙王。

---

4. 释 褐

学着宫袍体未安，
蓝衫转觉脱时难。
呼僮好向空箱叠，
留作他年故旧看。

After Removing My Civilian Clothing

I felt awkward after I put on my official gown,

Before long I realized it's hard to take off the blue robe.

My servant folded and hid it, the jewel in the crown;

Into my personal affairs my close cronies would probe.

注：
[1]此诗作于乾隆四年(1738)中进士后，原见《小仓山房诗集》卷二。 诗写中进士后改穿官服不适应的感受，以及仍把"蓝衫"当故旧的感情，借衣服更换的典型细节反映了入仕时的复杂心态。释褐(hè 贺)，脱去平民百姓 服装换上官服。褐，贫贱者之服。
[2]着：穿。宫袍：指官服。
[3]蓝衫：明清时秀才所穿的服装。
[4]僮：童仆。
[5]故旧：老朋友。

5. 西 施

吴王亡国为倾城，
越女如花受重名。
妾自承恩人报怨，
捧心常觉不分明。

Xi Shi (A Famous Chinese Beauty in Ancient China)

Fu Chai lost his kingdom due to doting Xi Shi the beauty,

Who was famous for her worthy service in defeating Wu.

Not feeling used by Yue, she won Fu Chai's favor with glee,

And never knew she herself ruined the Kingdom of Wu.

注

[1]此诗约作于乾隆五年(1740)，原见《小仓山房诗集》卷二。诗咏西施而以平常人视之，使之与政治阴谋绝缘，可谓别具只眼。西施，春秋越国美女。越国为吴国所败，越王求得美女西施，进于吴王夫差，吴王许和，并沉迷酒色。越王卧薪尝胆，终于灭吴报仇。

[2]倾城：本指倾覆邦国。《汉书·外戚传》李延年歌："北方有佳人，绝世而独立。一顾倾人城，再顾倾人国。宁不知倾城与倾国，佳人难再得。"后因用"倾城倾国"来形容绝色美人。此指西施。

[3]"越女"句：说西施灭吴有功而得到大名。

[4]"妾自"句：说西施只知承受吴王的宠爱，不知越国则是以她作为复仇的手段。

[5]捧心：手抚胸口。《庄子·天运》："西施病心而矉其里，其里之丑人见而美之，归亦捧心而矉其里。"不分明：不清楚，指对"人报怨"事不分明。

6. 张丽华

结绮楼边花怨春，
清溪栅上月伤神。
可怜褒妲逢君子，
都是<u>周南</u>传里人。

Ode to Zhang Li-hua

The flowers beside the Jie-yi Tower envied spring;

The moon over the fence along the river looked a sad thing:

The Book Zhou-nan'd have considered each of them angel

If Bao Si or Da Ji had encountered a noble king.

注：

[1] 此诗约作于乾隆五年(1740)，原见《小仓山房诗集》卷二。诗借咏张丽华，翻"女子是祸水"说之案，反映了作者的胆识。张丽华，南朝陈后主的宠妃。隋军破陈都建康(今江苏南京)，张丽华被杀。旧说陈后主宠幸张丽华，导致陈亡。

[2] 结绮楼：即结绮阁。陈后主曾筑临春、结绮、望仙三阁。结绮阁为张丽华所居。

[3] 清溪：水名。在今南京东郊，与玄武湖相通。隋军破建康时，张丽华与陈后主等躲入玄武湖侧景阳殿旁井中，被俘处死。月伤神：望月伤神。

[4] 褒(bao 包)：褒姒，周幽王妃子。妲(dá 答)：妲己，殷纣王妃子。旧说她们是使西周和殷灭亡的祸水。此借指后妃。君子：指贤明的国君。

[5]《周南》：《诗经》十五国风之一，其首篇为《关雎》。传里人：《毛诗传》把《关雎》一诗的主题解释为赞美"后妃之德"。此指贤德之妃。传，指解说儒家经典的文字。

7. 偶见

柳絮风吹上树枝，
桃花风送落清池。
升沉好像春风意，
及问春风风不知。

An Encounter

The wind has raised willow catkins onto the trees

And sent the fallen peach petals into the pond.

The spring breeze lifted or sank with equal ease.

When asked, the vernal wind knew nothing so fond.

注：
[1]此诗作于乾隆十一年(1746)，原见《小仓山房诗集》卷五。时任江宁知县。诗写"偶见"的暮春自然景象，寓有对社会人生的深沉感慨；采用拟人手法，颇有"生趣"，显示出性灵诗的特色。
[2]"柳絮"句：意谓风把柳絮吹上树枝，此乃"升"也。
[3]"桃花"句：意谓风送桃花落清池，此乃"沉"也。

8. 浴

浴罢凭栏立，
高云掩夕阳。
不知何处雨，
微觉此间凉。

Bath

Leaning on the rail after bathing,

I saw clouds conceal the sun setting.

I felt somewhat chill just then,

But knew not where it was raining.

注：
[1]此诗作于乾隆十三年(1748)，原见《小仓山房诗集》卷五。诗写的是诗人浴后登楼凭栏时一种敏锐的触觉感受，一种细致的体验。
[2]凭栏：依着高楼上的栏杆。

9. 正月十七夜

满窗月色满池烟，
千点寒鸦一客眠。
梦里忽惊蝴蝶影，
梅花飞过枕函边。

On the Seventeenth Night of the First Lunar Month

The moon shone on the window by the pond misty.

I was sleeping while jackdaws away were so noisy.

In the dream butterflies were disturbed and took wing:

Were plum blossoms by my pillow flying?

注：
[1]此诗作于乾隆十四年(1749)，原见《小仓山房诗集》卷六。诗写于静谧凄清之月夜，刹那间的审美幻觉，借以增添羁旅的情致，为凄清之夜带来些许生机。
[2]满池烟：满池雾气。
[3]一客：作者自称，时于离杭州回南京途中。
[4]"梦里"句：此当借用《庄子·齐物论》"昔者庄周梦为胡蝶"之意而写幻觉。
[5]枕函：指枕头。

10. 好作古文苦无题目寻春, 辄不如意, 戏题一首

有笔无题每自嗔,
黄金何处买阳春?
论文颇似升平将,
娶妾常如下第人。

Unsatisfaction with My Topic and Concubine

I blame myself for having no good topic to write

And wonder where I buy a concubine with gold.

My unattractive prose is like a peacetime knight.

Similarly, my concubine is so ugly and old.

注:
[1] 此诗作于乾隆十四年 (1749), 原见《小仓山房诗集》卷六。诗以自嘲笔调, 表现对作文与娶妾的不满意, 反映了作者风流才子的本色。寻春, 指寻找美色, 娶妾。
[2] 自嗔 (chēn 郴): 自我责怪。
[3] 买阳春: 买春, 指娶妾。
[4] 升平将: 太平时期的武将。喻古文无力量。
[5] 下第人: 科举考试落选者。喻妾貌不美。

11. 沙 沟

沙沟日影渐朦胧，
隐隐黄河出树中。
刚卷车帘还放下，
太阳力薄不胜风。

A Desolate Sand Gully

In Sand Gully the sun was getting hazy;

The Yellow River seemed behind the trees.

Up I rolled the wagon curtain hesitantly.

I felt hurt by the weak sun in evening breeze.

注：
[1]此诗作于乾隆十七年(1752)赴陕西途中，原见《小仓山房诗集》卷八。诗写北方沙沟之荒凉，反映出旅途之艰辛，以及心境之抑郁。沙沟，在山东滕县南，近黄河北岸，乃交通要道。
[2]"沙沟"句：意谓太阳渐渐西沉。
[3]力薄：形容太阳光线弱。不胜风：指经受不住晚风吹。

12. 山 泥

山泥淋漉陷征车，
扑面惊沙恨有馀。
此际故园三月半，
万花围住一楼书。

The Mountain Clay

My wagon got stuck in the mountain clay

And I resent shocking sand in front of me.

If I were at Garden Sui on a lunar March day,

I'd see flowers around my mansion and thee.

注：
[1]此诗作于乾隆十七年(1752)赴陕西途中，原见《小仓山房诗集》卷八。诗以江南风物映衬北国之春的凄凉、荒寂，寄寓幽恨孤寂的情怀。
[2]淋漉(lù 鹿)：烂湿。韩琦《广陵大雪》："乘温变化雨声来，度日阶庭恣淋漉。"征车：指诗人所乘的远行北上之车。
[3]恨有馀：谓对恶劣的自然环境充满怨恨。
[4]故园：家园。杜甫《复愁》："万国尚防寇，故园今若何?"此指诗人定居处南京随园。
[5]万花：极言春花之繁茂。杜甫《花底》："紫萼扶千蕊，黄须照万花。"

13. 寄聪娘

一枝花对足风流，
何事人间万户侯！
生把黄金买离别，
是依薄幸是依愁。

To Fang Cong-niang

Your flowery romance fills me with pride.

So why must I serve for a high position?

I wasted money only to part from my bride.

Am I inconstant to you to make you pain?

注：
[1] 此组诗作于乾隆十七年 (1752) 赴陕西途中。原见《小仓山房诗 集》卷八。诗以对比手法表达对宠妾聪娘的思念，悔恨出山远离亲人，抒写性灵，十分大胆。聪娘，姓方，姑苏人氏，乃作者于乾隆十三年 (1748) 所纳之宠妾。
[2] 一枝花：据罗烨《醉翁谈录》，"一枝花"为李娃旧名。此或借喻聪娘；亦可解为以花喻人，形容聪娘美丽可爱。风流：犹言风光、荣耀。张说《奉和初入秦川路寒食应制》："御前恩赐特风流。"
[3] 何事：何必侍奉。万户侯：汉代制度，列侯食邑，大者万户，小者五六百户。"万户侯"即食邑万户的侯，此指朝廷权贵。全句亦即"万户侯"不值钱之意。
[4] 生：硬，副词，强调所为之迂。此句感叹自己外出任职，既破费旅资，又别离爱妾，实在不值得。
[5] 依：我。李白《秋浦歌》："寄言问江水，汝意忆依不？"薄幸：薄情，负心。杜牧《遣怀》："十年一觉扬州梦，赢得青楼薄幸名。"

14. 马 嵬

莫唱当年长恨歌，
人间亦自有银河。
石壕村里夫妻别，
泪比长生殿上多。

Ma-wei Slope

Sing not the former "Song of Everlasting Sorrow":

Since ancient times, couples often part.

The poem "Shi-hao Official" does show

Parting of commons is sadder than a royal heart.

注：

[1]此组诗作于乾隆十七年(1752)赴陕西途中，原见《小仓山房诗集》卷八。诗以唐玄宗与杨贵妃于马嵬坡之死别与杜甫《石壕吏》所描写的平民百姓之生离相对照，而把同情之泪洒向后者，抒写了君为轻、民为贵的民本思想。马嵬(wéi唯)，即马嵬坡。在陕西兴平西，相传晋人马嵬在此筑城，故名。唐安史之乱，玄宗自长安逃往四川，经马嵬坡时，禁军哗变，杀死权奸杨国忠，又迫使玄宗命杨贵妃自缢。

[2]《长恨歌》：唐代诗人白居易所作长篇叙事诗，内容为描写唐玄宗与杨贵妃的爱情故事。

[3]银河：据传说，牛郎与天仙织女相爱，为王母娘娘拆散，以银河分隔之。此谓夫妻分离。

[4]石壕村：位于河南陕县西南，唐代大诗人杜甫尝写《石壕吏》一诗，内容为描写安史之乱时唐军征兵征役，逼迫一对老夫妻悲惨离别的故事。

[5]泪：指石壕村老夫妻离别之泪。长生殿：在陕西骊山华清宫内，为唐玄宗与杨贵妃居处。

15. 古　意

妾自梦香闺，
忘郎在远道。
不惯别离情，
回身向空抱。

Longing

I had a dream in my boudoir room,

Forgetting that away was my man.

I was not used to his faraway roam.

I turned round to hug the air in vain.

注：

[1]此组诗作于乾隆十七年(1752)赴陕西途中，原见《小仓山房诗集》卷八。诗写少妇思郎之"别离情"，感情真诚，生趣盎然，有古乐府韵味。

[2]妾：旧时妇女自称的谦词。古乐府《孔雀东南飞》："妾不堪驱使，徒留无所施。"香闺：旧时形容女子的闺房。

[3]郎：旧时妇女对丈夫或所爱男子的称呼。南朝乐府《懊侬歌》："常叹负情人，郎今果成诈！"在远道：指出远门。

[4]回身：转身。《玉台新咏·情人碧玉歌二首》："感郎不羞难，回身就郎抱。"

16. 再题马嵬驿

到底君王负旧盟，
江山情重美人轻。
玉环领略夫妻味，
从此人间不再生。

On Ma-wei Slope Again

The emperor betrayed former love oath at last,

Loving royal power more than the beautiful her.

Yu-huan comprehended marriage had passed,

Transforming into an immortal fairy thereafter.

注：
[1]此组诗作于乾隆十七年(1752)，原见《小仓山房诗集》卷八。诗写"君王负旧盟"，反映了作者对妇女命运的同情，对帝王的鄙薄。再题，前有《马嵬》四首，故此四首为"再题"。
[2]"到底"句：意谓君王唐玄宗最终还是背弃了与杨贵妃当年的海誓山盟。据白居易《长恨歌》，七夕时玄宗与贵妃曾有"在天愿作比翼鸟，在地愿为连理枝"之誓；据陈鸿《长恨歌传》，他们曾立"愿世世为夫妇"之盟。
[3]"江山"句：意谓玄宗对江山的感情重于对杨贵妃的感情。
[4]玉环：杨贵妃相传名玉环。夫妻味：谓"负旧盟"而生的苦涩之味。
[5]"从此"句：据白居易《长恨歌》，杨贵妃死后变为海上仙山之"仙子"，故云"人间不再生"。

17. 边 歌

边歌唱罢白云哀，
人出阳关眼莫开。
岁久髑髅吹作雪，
随风还上望乡台。

The Frontier Song

Hearing the frontier song, white puffy clouds are in sorrow;

The soldiers close their eyes when they arrived at Yu-men Pass.

Weathered skulls on the ground are blown like white snow.

They flutter in the wind onto the hometown tower en masse.

注：
[1]此诗作于乾隆十七年(1752)，原见《小仓山房诗集》卷八。诗写边卒思乡之情，想象奇特，意象精警，摄人心魄。边歌，边塞之歌。张籍《关山月》："行人见月唱边歌。"
[2]阳关：古关名。故址在今甘肃敦煌南，因位于玉门关之南故称"阳关"。王维《送元二使安西》："西出阳关无故人。"此"出阳关"谓至边塞。
[3]髑髅(dúlóu 独楼)：死人的头骨。参见《苦灾行》注[7]。
[4]望乡台：遥望故乡之高台。王勃《蜀中九日》："九月九日望乡台。"

18. 温 泉

华清宫外水如汤，
洗过行人流出墙。
一样温存款寒士，
不知世上有炎凉。

Hua-qing Hot Spring

The water from the Hua-qing Pool is hot like soup,

Which cleans pedestrians and flows out of the wall

Treating poor scholars to warmth of same soup,

Making them think of no worldly coldness at all.

注：
[1] 此诗作于乾隆十七年 (1752)，原见《小仓山房诗集》卷八。诗因"世上有炎凉"而发，使"温泉"别具讽谕意味。温泉，指温泉浴池华清池。旧址在今陕西临潼南骊山上。唐玄宗李隆基在此扩建了一座华清宫。白居易《长恨歌》："春寒赐浴华清池，温泉水滑洗凝脂。"
[2] 水如汤：温泉水如热水一样。
[3] 款：殷勤招待。寒士：贫苦的读书人。杜甫《茅屋为秋风所破歌》："安得广厦千万间，大庇天下寒士俱欢颜！"
[4] 炎凉：冷热，喻人情势利，有亲有疏，反复无常。梁简文帝《倡妇怨情》："含涕坐度日，俄顷变炎凉。"

19. 山居绝句（其一）

万重寒翠荡空明，
四面红墙筑不成。
十丈篱笆千竿竹，
山中我自有长城。

Quatrains in the Mountain Hut (I)

The endless green bamboos are swaying in the cloudless sky,

Finding them growing not within red walls on all four sides.

A long fence is made of countless high bamboo poles, I espy

That in the mountain I have my own Great Wall on all sides.

注：
[1] 此组诗作于乾隆十八年 (1753) 由陕西回南京后，原见《小仓山房诗集》卷九。诗写翠竹整体的雄浑之美，"长城"之喻十分贴切。山居，谓于小仓山随园居住。
[2] 寒翠：形容寒天竹色。林逋《山村冬暮》："雪竹低寒翠。"此代翠竹。空明：指天色通明透彻。苏轼《海市》："东方云海空复空，群仙出没空明 中。"
[3] 长城：比喻竹篱。

20. 山居绝句（其二）

山顶楼高暮雨寒，
飞云出入小阑干。
浮空白浪西南角，
收取长江屋里看。

Quatrains in the Mountain Hut (II)

The chilly evening rain is falling on the hilltop tower.

I see flying clouds go through railings of the fence.

Waves of the southwest Yangtze are soaring at this hour,

At home, I can enjoy the Yangtze River in a sense.

注：
[1]诗写登高望远时豪壮开阔的审美感受，恢宏的意境中包孕着诗人阔大的胸襟。
暮雨，傍晚时的雨。岑参《送怀州吴别驾》："春流引去马，暮雨 湿行装。"
[2]阑干：即栏杆。李白《清平调》："沉香亭北倚阑干。"
[3]"浮空"句：谓长江白浪腾空如近在高楼西南角。

21. 题竹坨《风怀》诗后有序

尼山道大与天侔，
两庑人宜绝顶收。
争奈升堂寮也在，
楚狂行矣不回头！

For Zhu Yi-zun's "Love Poems"

The way of Confucius is equal to that of Heaven.

The sages in his wing-rooms believe in his creed.

I can stay in the temple though the house is small,

Always doing exactly and madly as I need.

注：

[1]此诗作于乾隆十九年(1754)，肯定了朱彝尊不删其《风怀》诗的决定，赞赏其特立独行的表现，也反映了作者反理学之"去人欲"的胆识。竹坨(chá 察)，清康熙诗人朱彝尊(1629—1709)，字锡幽，号竹坨，秀水(今浙江嘉兴)人。《风怀》乃长篇情诗，反映朱彝尊与其小姨子之情史，为道学家所诟病。

[2]尼山道：孔子之道。尼山，一名尼丘，在山东曲阜东南。据《史记·孔子世家》，叔梁纥与颜氏女"祷于尼丘得孔子"。故指代孔子。侔(móu 谋)：齐等。

[3]两庑人：指历代被供入孔庙的儒家圣贤。绝顶收：指将孔子之道作为道之最高境界遵循。

[4]争奈：怎奈。升堂：《论语·先进》：子曰："由也升堂矣，未入于室也。"此指"厕身两庑"。指死后被供入孔庙陪享祭祀。寮(liáo 辽)：简陋小屋。

[5]用《论语·微子》典："楚狂接舆歌而过孔子曰：'凤兮凤兮！何德之衰？往者不可谏，来者犹可追。而已，而已！今之从政者殆而！' 孔子下，欲与之言。趋而避之，不得与之言。"此喻朱彝尊我行我素，不"升堂"而住小屋。

22. 买 梅

为买梅花手自栽，
朝衫典尽向苍苔。
笑他绝代高人格，
不等黄金也不来。

Buying Plum Blossoms Trees

I buy some plum trees and plant them myself,

Pawning my court dress to buy some manure.

Hypocrites are often left on the shelf

Because they are greedy for gold, a lure.

注：

[1]此诗作于乾隆十九年(1754)，原见《小仓山房诗集》卷十。诗写梅花突破了历来视梅为"绝代高人"的格调，自出新裁，借以嘲讽世俗之假"高人"，可见其"诗宜自出机杼"（《答王梦楼侍读》）的特色。

[2]朝衫：亦作"朝服"，君臣朝会时所穿的礼服。韩愈《酬司马庐四兄云夫院长望秋作》："自知短浅无所补，从事久此穿朝衫。"典：典当。杜甫《曲 江》："朝回日日典春衣。"苍苔：青苔。《淮南子》："穷谷之淤，生以苍苔。"此有"穷谷"义。

[3]高人：摆脱名利不求仕进的人。皮日休《又寄鲁望》："应被高人笑，忧身不似名。"格：品质，风度。

"

23. 午 倦

读书生午倦，
一枕曲肱斜。
忘却将窗掩，
浑身是落花。

Fatigue at Noon

Feeling weary while reading at noon,

For a nap I bent my arm as a pillow,

Forgetting to close the window as soon,

To find fallen petals all over me, lo.

注：
[1]此诗作于乾隆十九年(1754)，原见《小仓山房诗集》卷十。诗写隐居闲适慵懒的生活，借午倦"浑身是落花"的生动细节表现，富有情趣。
[2]曲肱(gōng 工)：典出《论语 ·述而》："饭疏食饮水，曲肱而枕之，乐在其中矣。"谓弯着胳膊作枕头。此喻闲适的生活。

24. 即 事

黄梅将去雨声稀，
满径苔痕绿上衣。
风急小窗关不及，
落花诗草一齐飞。

Ode to What I See

There's little rain after the rainy wet-season,

Moss-covered footpaths make my shirt green.

The roaring wind keeps the window unclosed

Blowing my draft and flowers away unseen.

注：
[1] 此诗作于乾隆二十年(1755)，原见《小仓山房诗集》卷十一。诗写雨中小景，颇具新巧灵活之致，亦表现了隐居后的闲适心境。即事，眼前所见。
[2] 黄梅：黄梅成熟的季节，时多雨。薛道衡《梅夏应教》："细雨应黄梅。"
[3] 绿上衣：苔绿染衣。
[4] 诗草：诗稿。

25. 编 得

不负堂堂白日过，
卷中一字一编摩。
及时行乐春犹少，
惜墨如金集已多。

My Successful Compilation

I have not idled away my precious time

For I've pondered every word and phrase.

I seized the day of pleasure in my prime,

I compiled a lot valuing ink and my days.

注：
[1]此诗作于乾隆二十年(1755)，原见《小仓山房诗集》卷十一。诗反映了作者积极严肃的创作态度。编得，用同题另诗"编得新诗十卷成"首句二 字作题。
[2]"不负"句：说自己没有虚度年华。
[3]编摩：精心编写琢磨。
[4]惜墨如金：指不肯轻易下笔。集已多：指编成新诗十卷。

26. 客 至

剥啄柴门响，
呼僮扫叶迎。
凉蝉知让客，
且住一声鸣。

Arrival of My Guest

Hearing a knocking at the door of willow twigs,

I told my page to clean fallen leaves to meet the guest.

Cool cicadas knew he came and stopped their gigs,

Keeping silent all together to welcome the guest.

注：
[1]此诗作于乾隆二十三年(1758)，原见《小仓山房诗集》卷十四。诗以拟人手法写"凉蝉"，富于灵性，增添了小诗的情趣。
[2]剥啄：象声词，此指敲门声。高适《重阳》："岂有白衣来剥啄，一从乌帽自欹斜。"柴门：柴荆编就的门。杜甫《羌村三首》："柴门鸟雀噪，归客千里至。"
[3]凉蝉：指夏末秋初的蝉。
[4]且住：暂停。

27. 推 窗

连宵风雨恶，
蓬户不轻开。
山似相思久，
推窗扑面来。

Pushing My Window Open

The storm roared and raged all night long.

I dared not casually pull my door open.

The mountain seemed to miss me for long,

Rushing in when I pushed my window open.

注：
[1]此诗作于乾隆二十三年(1758)，原见《小仓山房诗集》卷十四。"随园诗处处虚灵活泼"（吴应和、蒋星华《浙西六家诗钞》），于此诗可见一斑。 诗人化静为动，化无情物为有情人，把山的形象写得活灵有致，亦表现出诗人对雨霁风止后的清新山色的审美喜悦。
[2]连宵：即通宵。一整夜。张九龄《听蝉》："幸入连宵听，应缘饮露知。"恶：形容风雨之凶猛。
[3]蓬户：用蓬草编成的门户，形容住房简朴。钱起《过裴长官新亭》："慢水萦蓬户。"轻：轻易，随便。

28. 春日杂诗（其一）

千枝红雨万重烟，
画出诗人得意天。
山上春云如我懒，
日高犹宿翠微巅。

Casual Poems in Spring (I)

Myriad of red petals fall like a misty rain,

Drawing an ideal painting for a poet like me.

Spring clouds idle as I do atop the mountain,

Still on verdant peak as the sun is high already.

注：
[1]这组诗作于乾隆二十四年(1759)，原见《小仓山房诗集》卷十五。诗以衬托手法描写自己春日懒散闲适的情态。杂诗，谓兴致不一，内容多样，遇物即言之诗。《文选》有《杂诗》一目。
[2]红雨：喻落花。刘禹锡《百舌吟》："花枝满空迷处所，摇动繁英坠 红雨。"
[3]得意天：感到满意的风光。
[4]翠微：青翠的山气。陈子昂《薛大夫山亭宴序》："披翠微而列坐。"此指代青翠的山峰。巅：峰顶。

29. 春日杂诗（其二）

自把新诗写性情，
胜他丝竹谱春声。
流莺啼罢先生唱，
各有闲愁诉不清。

Casual Poems in Spring (II)

I show my disposition in new poetry,

Superior to the tune "the Sound of Spring".

I sing after the yellow warblers flee,

For each is telling his respective thing.

注：
[1]诗表达"诗写性情"的观点，但对"性情"之思想性并不重视。丝竹，中国的弦乐器与竹制管乐器的总称。
[2]流莺：飞行无定的黄莺。王建《宫词》："原是吾皇金弹子，海棠花下打流莺。"先生唱：此谓诗人吟诗。

30. 剑

玉匣甘藏七尺身，
九秋不复试霜痕。
夜深尚作呜呜泣，
为有平生未报恩。

Ode to My Sword

My sword is willing to lie inside the jade box,

It hasn't shown its cutting edge for nine years.

At night when all is still, it gives sobbing talks,

Regretting that it never serves its dears.

注：

[1] 此诗作于乾隆二十五年(1760)，原见《小仓山房诗集》卷十六。诗借咏剑，流露出虽辞官隐居九年，但仍有未能为国效力之憾。可见当时作者思想尚未彻底出世。

[2] 玉匣：用玉装饰的小箱。甘藏：甘心藏匿。七尺身：指剑。

[3] 九秋：九年。霜痕：指剑刃。

31. 夜立阶下

半明半昧星，
三点两点雨。
梧桐知秋来，
叶叶自相语。

Standing Beside the Steps at Night

The blinking stars are in the sky,

Where there is some scattered rain.

Plane trees feel autumn is nigh;

Leaves whisper to themselves in pain.

注：
[1]此诗作于乾隆二十五年(1760)，原见《小仓山房诗集》卷十六。诗写秋夜小景，刻画具有特征的意象，构成清寂又不乏生机的境界。
[2]半昧：半暗。

32. 除夕望山尚书赐荷囊、胡饼、鹿肉，戏谢四绝句 （其一）

尚书得韵便传笺，

倚马才高不让先。

今日教公输一着，

新诗和到是明年。

Receiving Gifts from Yin Ji-shan on New Year's Eve

You have written and sent me a poem in reply.

You're a deft witty poet without any peer.

Today it's time for you to lose, and why?

For you will get my reply poem next year.

注：

[1]此诗作于乾隆二十五年(1760)除夕夜，西历已是公元 1761 年。 诗写与高官尹继善和诗趣事，反映了同尹继善非同一般的友情，以及诙谐的性格。望山尚书，尹继善(1695—1771)，字元长，号望山。曾任江苏巡抚、两江总督等职，累官至刑部尚书、文华殿大学士等。为袁枚人生一知己。

[2]得韵：指袁枚赠诗。传笺：指尹继善送回所作和诗。

[3]倚马才：用《世说新语 · 文学》典："桓宣武北征，袁虎时从，被责免官，会须露布文，唤袁倚马前令作，手不辍笔，俄得七尺，殊可观。"比喻才思敏捷。

[4]"新诗"句：谓尹继善和诗送回已是乾隆二十六年正月初一。

33. 九月十一日夜

金灯淡淡映书楼，
银蒜沉沉押画钩。
一霎秋风吹落叶，
波涛都在树梢头。

On the Night of September 11th

There is a lamp of gold in the reading room,

There are silver hooks heavy like garlic shoots.

Autumn wind blows off leaves like a broom;

Treetop waves surge and shake the tree roots.

注：
[1]此诗作于乾隆二十六年(1761)，原见《小仓山房诗集》卷十六。诗写于深秋之夜的审美感受，先静后动，以静衬动，尾句意象新奇大胆。
[2]金灯：金制的灯盏。江总《新宠美人应令》："金灯夜火百花开。"
[3]银蒜：银制的帘钩，形似蒜条，故名。庾信《梦入堂内》："慢绳金麦穗，帘钩银蒜条。"押画钩：压如帘钩。画钩，形容帘钩之美。

34. 偶 作

晴太温和雨太凉，
江南春事费商量。
杨花不倚东风势，
怎好漫天独自狂！

Random Thought

It's cooler when it rains, warmer on sunny days;

So it is hard to till the southern land in spring.

If catkins don't rely on the spring breeze in phrase,

How can they fly in the sky? A funny thing!

注：
[1]此诗作于乾隆二十七年(1762)，原见《小仓山房诗集》卷十七。诗写杨花"倚东风势"而"狂"，有其言外之意，讽刺的锋芒指向人世。
[2]春事：农事，春季耕种之事。《管子·幼官》："十二，地气发，戒春事。"
[3]杨花：柳絮。庾信《春赋》："二月杨花满路飞。"

35. 春日杂诗（十二首其一）

春宵梦醒月华凉，
窗外花开窗内香。
花似有情来作别，
半随风去半升堂。

Thoughts after Appreciations in Spring (I of XII)

On a spring night I wake to find the cool moon.

Flowers outside windows make the room sweet.

They come to say goodbye, loving and boon;

Half gone with the wind, half ascending the hall.

注：

[1] 此组诗作于乾隆二十八年(1763)，原见《小仓山房诗集》卷十七。 诗写春宵闻花香，而想象春花飘零之景，但并不感伤，反有生趣。

[2] 春宵：春夜。李商隐《为有》："为有云屏无限娇，凤城寒尽怕春 宵。"月华：月光。江淹《杂体诗 ·王徵君微》："清阴往来远，月华散前墀。"

[3] 作别：作告别。

[4] 升堂：登堂。《论语 ·先进》："由也升堂矣，未入于室也。"堂，正厅。

[5] 这里的 shawl（围巾、披肩）指代"室内"。

36. 春日杂诗（十二首其二）

寂寂柴门雀可罗，
牡丹开后客频过。
山花未免从旁笑：
到底人贪富贵多！

Thoughts after Appreciations in Spring (II of XII)

Visitors to the house were few and far between,

But they frequently came to see blooming peony.

The neighboring wild flowers were rather keen

To laugh at those who run after the wealthy.

注：

[1]诗借写牡丹讥讽世态炎凉，"山花"可视为作者的化身。柴门雀可罗，即门可罗雀，形容门庭冷落。《史记·汲黯郑当列传》："始翟公为廷尉，宾客阗门；及废，门外可设雀罗。"

[2]频过：频繁来访。

[3]富贵：此为双关语。据周敦颐《爱莲说》，牡丹为"花之富贵者"。

[4]peony 英/ˈpiːəni/

37. 苔（其一）

白日不到处，
青春恰自来。
苔花如米小，
也学牡丹开。

Ode to Moss (I)

In the shade where sunshine cannot reach,

Youthful spring exists in robust energy.

Its flowers are so small like grains of millet,

Also learning from peony to bloom happily.

注：
[1] 此诗作于乾隆二十九年(1764)，原见《小仓山房诗集》卷十八。诗写苔花虽小，亦顽强地表现自己的光彩，富有生命力。其中包含着人生哲理。 苔，苔藓类植物。
[2] 青春：春天。《楚辞 •大招》："青春受谢，白日昭只。"
[3] 苔花有些地方又称石花、乳花。它喜欢生长在树上或者石头上，形状呈现为叶状的，整体为不规则的椭圆形状，表面是褐色的，凹凸形成网状，是多年常绿的植株。

38. 苔（其二）

各有心情在，
随渠爱暖凉。
青苔问红叶，
何物是斜阳。

Ode to Moss (II)

All have their humor and belief.

They love warmth or the cool.

The moss asks a red leaf:

What thing is the slant sun?

译文：
[1]万物各自有特性，随它是爱暖或是贪凉。青苔好奇地问红叶，世界上什么东西叫夕阳？

39. 苦 旱

镇日炎风旱不禁，
秧田望尽老农心。
夏云总被风吹去，
教作奇峰莫作霖。

The Hatred of Drought

The burning wind compounds drought all day;

Seedlings know the helpless peasants' wish.

Summer winds always blow the clouds away,

Forming clouds to peaks to make rains diminish.

注：

[1] 此诗作于乾隆四十年(1775)，原见《小仓山房诗集》卷二十四。诗写大旱盼雨之"老农心"，颇为真切，可见其与诗人心相通而相连。苦旱，恨天旱。苦，恨。苏伯玉妻《盘中诗》："空仓雀，常苦饥。"

[2] 镇日：即整天。朱熹《邵武道中》："不惜容鬓凋，镇日空长饥。"炎风：热风。岑参《使交河郡》："炎风吹沙埃。"旱不禁：旱情不止。

[3] "教作"句：意谓只让夏云变作奇峰形状，而不化成大雨降落。

40. 鸡

养鸡纵鸡食，
鸡肥乃烹之。
主人计自佳，
不可使鸡知。

On Hens

When raising hens, we make them eat,

But they will be cooked when fat.

Farmers know they are of good wit,

But won't let the hens know that.

注：

[1]此诗作于乾隆四十一年(1776)，原见《小仓山房诗集》卷二十五。诗明是写鸡，暗为写人，使"鸡肥"目的是"烹之"，"主人"与"鸡"的关系，可以使人举一反三，联想到人世许多事情。诗短而意丰。

[2]纵鸡食：任凭鸡吃食，不加限制。

[3]烹：烧煮。之：代词，指鸡。

[4]计自佳：养鸡的策略自然高明。此乃反语，有讽刺意味。

41. 升 沉

山色苍茫落照微，
升沉到处有天机。
杨花自绕蛛丝上，
莫怪春风吹不飞。

The Rise and Fall of Official Career

Afterglow observes the hazy mountain scene.

To rise or fall is the will of Nature's mystery.

The catkins fly upon the spider webs as seen,

Blame not breeze for not blowing them away.

注：
[1]此诗作于乾隆四十一年(1776)，原见《小仓山房诗集》卷二十五。诗以自然现象印证"升沉到处有天机"的哲理，并表达了对"升"者的鄙薄，对"沉"者的复杂情感。升沉，升谓登进，沉谓沦落。此指仕途的升降进退。李白《送友人入蜀》："升沉应已定，不必问君平。"
[2]落照：落日之光。梁简文帝《和徐录事见内人作卧具》："密房寒日晚，落照度窗边。"喻沉者。
[3]天机：犹言天的机密，天意。陆游《醉中草书因戏作此诗》："稚子问翁新悟处，欲言直恐泄天机。"
[4]杨花：柳絮。参见《偶作》注[3]。喻升者。

42. 所 见

牧童骑黄牛，
歌声振林樾。
意欲捕鸣蝉，
忽然闭口立。

On What I Have Seen

A shepherd boy is riding a yellow ox,

His singing shakes the high trees.

To catch cicadas on the tree stalks,

He shuts up and straightens his knees.

注：
[1]此诗作于乾隆四十一年(1776)，原见《小仓山房诗集》卷二十五。 诗如速写抓住牧童"忽然闭口立"之"最富有孕育性的顷刻"(莱辛《拉奥孔》)，化动为静，塑造出富有情趣的生动形象，有不尽馀味。
[2]歌声：谓牧童所唱的歌声。林樾(yuè 月)：谓道旁成荫的树林。苏 轼《书苏养直》："扁舟系岸依林樾。"
[3]意欲：内心里想。

43. 谒岳王墓作十五绝句 （选三其一）

灵旗风卷阵云凉，
万里长城一夜霜。
天意小朝廷已定，
那容公作郭汾阳！

Fifteen Quatrains for Mourning Yue Fei's Tomb (I)

Flags and banners sobbed on the cold battlefield,

The Great Wall was covered with frost overnight.

The emperor made up his mind to yield,

Not allowing you to learn from Guo Zi-yi to fight.

注：

[1]此组诗作于乾隆四十四年(1779)，原见《小仓山房诗集》卷二十六。诗以愤慨之笔，对岳飞的悲剧表达叹息之意，议论中含有激情。谒(yè 业)，拜谒。这里有凭吊的意思。岳王墓，南宋抗金名将岳飞之墓。岳飞被汉奸秦桧所害，墓在杭州西湖北栖霞岭岳王庙右侧。

[2]灵旗：画招摇(星宿名)于旗以征伐。《汉书·礼乐志》："招摇灵旗，九夷宾将。"阵云：战地烟云。高适《塞下曲》："青海阵云匝，黑山兵气冲。"

[3]"天意"句：谓小朝廷皇帝主和的心意已决定。天意，指帝王的心意。杜甫《送从弟亚赴安西判官》："诏书引上殿，奋舌动天意。"

[4]公：指岳飞。郭汾阳：郭子仪(697-781)，唐大将，安禄山叛乱时，任朔方节度使，击败史思明于河北。肃宗即位后任关内河东副元帅，配合回纥兵收复长安、洛阳。因功升中书令，后又进封汾阳郡(治所今属山西)王，故称郭汾阳。

44. 谒岳王墓作十五绝句（选三其二）

小校桓桓道姓施，

涌金门外有专祠。

雄心似出将军上，

不斩金人斩太师！

Fifteen Quatrains for Visiting Yue Fei's Tomb (II)

The company officer surnamed Shi is known.

The temple for him stands outside Yong-jin Gate.

He killed Qin Hui with a heroic ambition.

His destiny was better than your fate.

注：

[1]诗赞施全先除奸贼而后胜金人的思想，写得生气灌注，铿锵有力，崇仰之情溢诸笔墨。小校，校尉级军官。桓(huan 环)桓，威武貌。《诗·鲁颂·泮水》："桓桓于征，狄彼东南。"姓施，小校姓施名全。参见《施将军庙》一诗。

[2]涌金门：古杭州十城门之一。专祠：谓专门祭祀施全的祠堂。

[3]"雄心"句：谓施全的雄心、见识有超出岳飞之处。

[4]金人：指金国侵宋者。太师：官名。此指投降派代表人物秦桧。

45. 谒岳王墓作十五绝句（选三其三）

江山也要伟人扶，

神化丹青即画图。

赖有岳、于双少保，

人间才觉重西湖。

Fifteen Quatrains for Mourning Yue Fei's Tomb (III)

A country needs great help from heroic saints,

Whose spirits become paints to draw designs.

Yue Fei and Yu Qian the West Lake acquaints:

People feel the West Lake is one of nice shrines.

注：

[1] 诗独出心裁，写出西湖之美在于凝聚着历代伟人的民族精神，此乃最壮美的画图，立意新颖而深刻。伟人，有大功绩的人。《三国志·魏志·锺繇传》："此三公者，乃一代之伟人也。"扶，支持。

[2] "神化"句：谓伟人的精神化作丹青即可成为感人的画图。

[3] 赖：倚靠。岳、于：岳飞、于谦。于谦（1398—1457），明代浙江钱塘（今杭州）人，正统十四年（1449）明英宗被瓦剌军所俘之后，于谦从兵部侍郎升任兵部尚书，拥立景帝。又调集重兵在北京城外击退瓦剌军，于谦被加少保，后明英宗被释放，又夺回帝位，于谦以"谋逆罪"被杀。少保：官名，一般为大官加衔，并无实职。岳飞与于谦皆被授少保，故曰"双少保"。

46. 湖上杂诗 （二十一首选五其一）

烟霞、石屋两平章，
渡水穿花趁夕阳。
万片绿云春一点，
布裙红出采茶娘。

Casual Poems on the Lake (I)

Two fascinating scenic spots we see,

Enjoying flowers and streams before sunset.

Amidst the tea trees there is one red tree:

It turns out to be a tea-picking girl in red.

注：

[1] 此组诗作于乾隆四十四年(1779)，原见《小仓山房诗集》卷二十六。诗写西湖阳春胜景，以"红出"凸显采茶娘的动人春色，别致奇峭，鲜艳夺目。湖，指杭州西湖。

[2] 烟霞、石屋：杭州烟霞洞、石屋洞。平章：品评。戴复《梅花》："穿林傍水几平章。"

[3] 绿云：喻春茶。春一点：一点春色，指红一点。此句化用王安石《石榴》"万绿丛中红一点"（见《王直方诗话》）诗句。

47. 湖上杂诗（二十一首选五其二）

谁家爱唱玉玲珑，
笛自西飘曲自东。
一夜摇荡声不定，
知他船在水当中。

Casual Poems on the Lake (II)

Whose singer had a rich melodious voice?

The flute was from the west but the tune from the east.

All night the melody made me rejoice.

I know his boat is in the water to be pleased.

注：
[1]诗如一支湖上小夜曲，形象鲜明，情韵绵邈，引人遐思，写出湖上之声的艺术美感。玉玲珑，喻声音清脆。白居易《筝》："柱触玉玲珑。"
[2]"笛自"句：谓笛子的乐曲声传遍东西。

48. 湖上杂诗（二十一首选五其三）

葛岭花开二月天，
游人来往说神仙。
老夫心与游人异，
不羡神仙羡少年。

Casual Poems on the Lake (III)

Flowers bloom on Ge-ling Ridge in February.

Tourists come and go talking of fairies.

Their states of mind and mine do vary:

I admire the young rather than gods or fairies.

译文：
二月时分葛岭的花都已盛开，一路上游人络绎不绝，都说想做神仙。 而我的心境与他们的不一样，我并不羡慕神仙，只是羡慕那些少年。
注：
[1] 异：不同。

49. 湖上杂诗（二十一首选五其四）

桃花吹落沓难寻，

人为来迟惜不禁。

我道此来迟更好，

想花心比见花深。

Casual Poems on the Lake (IV)

It's hard for folks to see fallen peach flowers,

Regrettably they say that they are late.

On the contrary, I'd rather like these hours:

I prefer the brilliant think-rather than-see state.

译文：

[1]花期过了，桃花飞离枝头，飘落在地上被碾踏成泥，再无觅处，赏花之人为错过花开而深感遗憾。我却不这样认为，相反，甚至觉得这时候来正好，欣赏满树繁花，哪比得上怀想它的灿烂与热烈。

50. 湖上杂诗（二十一首选五其五）

凤岭高登演武台，
排衙石上大风来。
钱王英武康王弱，
一样江山两样才。

Casual Poems on the Lake (V)

I climb the training platform on Feng-ling Mountain.

A gale is blowing through the stone archway.

Qian Liu was brave but Zhao Gou was common,

They governed the same China in a different way.

译文：
[1]"凤岭高登演武台"：诗人登上凤岭的演武台，这里曾是南宋时期吴越王钱镠演练兵马的地方。如今，诗人站在高处，虽然看不见昔日的旌旗和鼓角，但依然能感受到历史的厚重和英雄的气息。
[2]"排衙石上大风来"：排衙石是石牌坊，大风从石牌坊间吹过，气势磅礴。这一景象不仅让人联想到汉高祖刘邦的诗句，还象征着历史的变迁和英雄的业绩。

51. 自题

不矜风格守唐风，
不和人斗诗韵工。
随意闲吟没家数，
被人强派乐天翁。

A Self-styled Poem

I don't follow the style of the Tang Dynasty,

Nor compete with others in terms of rhythm.

I write my poems leisurely and randomly.

So I am blamed for learning Bai Ju-yi's wisdom.

注：

[1]此诗作于乾隆四十四年(1779)，原见《小仓山房诗集》卷二十六。诗强调自己诗歌创作决不拘守唐人家数，为人称诗学香山作辩解，写得幽默而态度鲜明。

[2]矜：顾惜。《书·旅獒》："不矜细行，终累大德。"风格：风度品格。《世说新语·德行》："李元礼风格秀整。"守唐风：拘守唐人诗风貌。

[3]诗韵工：诗歌韵律工巧讲究。

[4]家数：此谓诗歌上的流派。黄宗羲《姜友棠诗序》："初未尝有古人之家数存于胸中。"

[5]"被人"句：谓人称自己诗学白居易，如蒋士铨《论诗杂咏》称"随园法香山"。乐天翁，唐代诗人白居易(772—846)，字乐天，晚年号香山居士，诗语言通俗，相传老妪能解。

52. 听诗叟

底事听诗听不清，
此翁耳壳欠分明。
拟携谢朓惊人句，
来向青天颂数声。

Listening to a Senior Poet

Too old and sluggish, nothing clearly he hears.

He doesn't have a pair of acute ears.

Imagine he remembers Xie Tiao's fine verse,

Chanting Xie's poems to the universe.

注：
诗中描绘了一位老人听诗时的趣事。首句"底事听诗听不清"，以疑问语气表达出老人听力可能不太敏锐，难以清晰地聆听诗歌。接着，"此翁耳壳欠分明"进一步强调了这一点，暗示老人的耳朵不如年轻人那样灵敏。然而，诗人并未因此贬低，反而在下句"拟携谢朓惊人句"中，想象这位老人带着谢朓（南朝著名诗人）的惊艳诗句，意欲在高远的青天下朗诵，展现了对老者精神风貌的赞美和对诗歌艺术的热爱。整体上，这首诗寓言性较强，通过听诗翁的形象，表达了对老年人智慧与热情的肯定。

53. 仿元遗山论诗（三十八首选一）

天涯有客号诊痴，
误把抄书当作诗。
抄到锺嵘诗品日，
该他知道性灵时。

Imitating Yuan Yi-shan's Way to Criticize Poems (I of XXXVIII)

The distant scholar is a boastful fake.

He mistakes scribing for composing poetry.

When he scribes Zhong Rong's poetics,

He knows what a poet's disposition is.

注：

[1]此组诗作于乾隆四十六年(1781)，原见《小仓山房诗集》卷二十七。诗批评翁方纲以考据为诗的诗风，而揭猿诗抒写"性灵"的诗学观。元遗山，元好问(1190—1257)，金代太原秀容(今山西沂州)人，字裕之，自号遗山山人，诗人兼诗论家。著有《论诗三十首》，较全面地体现其主壮美，尚自然的诗学观。元氏以数十首七绝形式论诗对后世影响极大，仿效者代不乏人，袁枚即是仿效者之一。但元氏多论古人，袁枚则自称"余古少今多"(《仿元遗山论诗》小序)，目光注视于当代诗坛。

[2]有客：此指翁方纲(1733—1818)。翁氏长于考订，论诗主"肌理说"，偏重于学问。诊(ling 灵)痴：即"诊痴符"，古代方言，指没有才学而好夸耀的人。《颜氏家训·文章》："吾见世人，至无才思，自谓清华，流布丑拙，亦以众矣，江南号为'诊痴符'。"

[3]锺嵘：南朝诗论家，字仲伟，颍川长社(今河南长葛)人。生年无考，大约卒于518 年。《诗品》：锺嵘所著我国古代最早的诗论专著。它对自汉魏至齐梁的 122 位诗人进行了评述，分为上中下三品，每品一卷，其序揭集了诗"吟咏情性，亦何贵于用事"的观点，并倡导诗描写目击身历的景象与"自然英旨"等。这些观点皆为袁枚"性灵说"所汲取。

[4]性灵：主要指人的性情，同时亦包括人的灵机或灵感。

54. 山行

山行不觉笑哑哑，
爱好真无贵贱差。
试看舆夫身喘汗，
满头犹插杜鹃花。

Traveling in Tian-tai Mountain

Unconsciously my trip is full of joy,

About their looks the rich and poor all care.

The panting sedan-chair bearers enjoy

Sticking azaleas all over their hair.

注：
[1]此诗作于乾隆四十七年(1782)，原见《小仓山房诗集》卷二十八。诗写劳动者的形象淳朴可爱，生活虽然艰苦犹未失去生活的乐趣。这种乐观的性格无疑感染了作者。山行，指于浙江天台山旅行。
[2]哑哑：笑声。《易·震》："笑言哑哑。"
[3]"爱好"句：谓爱美没有贵贱的差别。
[4]喘汗：喘息出汗。

55. 卓笔峰（二首选一）

孤峰卓立久离尘，
四面风云自有神。
绝地通天一枝笔，
请看依傍是何人！

The Pen-Shaped Peak (I of II)

There stands a lonely peak without dust,

Looking more imposing in the cloud.

Into the sky the unique peak does thrust,

Who is leaning against it chanting aloud?

注：
[1]此诗作于乾隆四十七年(1782)，原见《小仓山房诗集》卷二十八。诗写山而寄寓着诗人的人生理想与美学意趣，独立无羁，反对依傍，写山即写人之个性。卓笔峰，《名山记》载：雁荡山有五峰：展旗峰、石屏峰、天柱峰、玉女峰、卓笔峰。诸峰皆奇峭耸直，高插天半，而不沾寸土。
[2]卓立：直立。元稹《望云雅马歌》："上面喷吼如有意，耳尖卓立节跪奇。"尘：尘土，亦有尘世之意。
[3]神：神采。
[4]绝地：绝远阻隔之地。《孙子·九地》："去国越境而师者，绝地也。"笔：指卓笔峰。

56. 山行杂咏（六首选一）

十里崎岖半里平，
一峰才送一峰迎。
青山似茧将人裹，
不信前头有路行。

Casual Ode to Traveling in Yan-dang Mountain (I of VI)

The bumpy mountain paths I never see;

One peak away, another one I tread.

A green cocoon-shaped hill envelops me,

I don't believe there is a way ahead.

注：
[1]此组诗作于乾隆四十七年(1782)，原见《小仓山房诗集》卷二十八。诗描写雁荡山奇峰林立之景与行路之难，而行路之难仍旨在衬托雁荡山之奇。山行，指于雁荡山旅行。
[2]茧：蚕茧。

57. 小心坡

险极坡难过，
小心容自持。
劝君平地上，
还似过坡时。

Being Careful Everywhere

It's hard to climb a slope I've found,

With which I should carefully cope.

When you walk on the solid ground,

Please step as if you climbed the slope.

注：
[1]此诗作于乾隆四十八年(1783)，原见《小仓山房诗集》卷二十九。诗称"平地上"亦应"似过坡时"一样"小心"。原因诗人未明言，其中自寓有深刻的人生感慨。小心坡，在黄山。
[2]自持：自己扶助自己。

58. 品 画

品画先神韵，
论诗重性情。
蛟龙生气尽，
不若鼠横行。

How to Appreciate Painting

Romantic charm is first to painting

As disposition is first to poetry.

If you see a flood dragon exhausting,

It is no better than a mouse entirely.

注：
[1]此诗作于乾隆四十八年(1783)，原见《小仓山房诗集》卷二十九。诗提出了文艺批评标准：画以"神韵"为第一，诗以"性情"为首要，这正是袁枚"性灵说"的灵魂。品画，品评绘画。
[2]神韵：谓画中形象的精神气韵。谢赫《古画品录》评顾骏之："神韵气力，不逮前贤；精微谨细，右过往哲。"
[3]生气：活力，生命力。《世说新语·品藻》："廉颇、蔺相如虽千载上死人，惊惊恒如有生气。"

59. 山水奇绝（九首选二其一）

山下怒涛坌涌，

山中怪石横排。

橹向狼牙曳出，

舟从虎口吞来。

Amazing Landscapes (I of II among IX)

Below us are the raging roaring waves,

Around us are fantastic strange stones.

My boat rushes out of the tiger's cave;

My oar is drawn into wolf-teeth stones.

注：
[1]此组诗作于乾隆四十九年(1784)，原见《小仓山房诗集》卷三十。小诗写水势险恶，征程惊险。"狼牙"、"虎口"的比喻贴切，"曳出"、"吞来"的用字传神活脱。在生动的形象中含有诗人紧张、惊讶的心情。端江，即端溪，在广东高要东南，烂柯山西麓。
[2]坌(bèn 笨)涌：喷涌。《后汉书·称衡传》："飞辨骋辞，溢气坌涌。"
[3]曳(yè 业)：拖。

"

60. 山水奇绝（九首选二其二）

镇日烟村断绝，
一时难问迷津。
赖有鹭鸶几点，
溪边目送行人。

Amazing Landscapes (I of II among IX)

I neither see a hut all day,

Nor find a ferry-place awhile.

A few egrets not far away

Watch walkers from an isle.

注：
[1]诗写静态景物，渲染旅途之沉寂与无聊，清新小巧。显示了袁枚山水诗的另一种风貌。镇日：整日。参见《苦旱》注[2]。烟村：有人烟的村落。
[2]迷津：迷失津渡。孟浩然《南还舟中寄袁太祝》："桃源何处是？游子正迷津。"
[3]鹭鸶(lùsī 路丝)：白鹭，春夏多活动于水边。

61. 兴安

江到兴安水最清，
青山簇簇水中生。
分明看见青山顶，
船在青山顶上行。

A Trip in Xing-an County

The stream is clear when it flows to Xing-an,

In which a range of hills begins to sit.

An upside-down summit I clearly scan,

In which I see a boat sailing over it.

注：
[1] 此诗作于乾隆四十九年(1784)，原见《小仓山房诗集》卷三十。诗写"兴安水最清"，充满了诗情画意。惟水清才有"青山簇簇水中生"般的倒影，亦才有"船在青山顶上行"的奇观。兴安，县名。在广西东北部。
[2] 簇(cù 促)簇：聚集、簇拥貌。

62. 日日

日日奇峰迎面过，
不能图画只能歌。
老夫可奈看山后，
愈觉胸中魄磊多！

My Daily Resentments

I face grotesque peaks from day to day,

Only able to sing but unable to paint.

After my trip, I cannot help but say

In my heart I have many a complaint.

注：
[1] 此诗作于乾隆四十九年(1784)，原见《小仓山房诗集》卷三十。诗写看山"胸中碗磊多"的感慨，既是写山的形状，又是写胸中磊落不平之意，反映了诗人思想的一个侧面。
[2] 图画：犹绘画，动词。《汉书·苏武传》："图画其人于麒麟阁。"
[3] 老夫：作者自称。可奈：犹言怎奈，无奈。
[4] 魄磊(kuī lei 傀垒)：原谓垒积的石块，此比喻胸中郁积着不平之气。元好问《论诗绝句》之五："何物能浇碗磊平。"

63. 新正十一日还山（六首选一）

自觉山人胆足夸，
行年七十走天涯。
公然一万三千里，
听水听风笑到家。

Arriving Home on January 11th of the Lunar Year (I of VI)

I need to praise myself when fortune smiles,

Still touring around when I am seventy.

To my surprise, I've walked six thousand miles,

Arriving home in wind and rain with glee.

注：
[1]此诗作于乾隆五十年(1785)，原见《小仓山房诗集》卷三十一。诗写远游归来的感受，充满自豪感，反映七十老人乐观的生活态度。新正，新年正月。
[2]山人：隐士。此作者自指。
[3]公然：竟然。

64. 渔梁道上作六绝句（选一）

初笄蛮女发影暴，
折得溪头花乱簪。
一幅布裙红到老，
不知人世有江南。

Composing Six Quatrains along the Yu-liang Mountain Road (I)

A southern grown-up girl is plucking flowers by the stream,

Inserting them between her hair and her hairpin.

Wearing red skirts becomes her life-long dressing scheme,

She'll never know how wealthy my neighbors have been.

注：
[1]此组诗作于乾隆五十一年(1786)，原见《小仓山房诗集》卷三十一。诗写少数民族青年女子形象，突出其古朴、健康的乡野之美，恰似白描速写。渔梁，山名。在福建浦城西北，宋置渔梁驿于此。
[2]初笄(jī 机)：指女子刚可以盘发插笄(簪子)的年龄，即刚成年。蛮女：指南方少数民族女子。此指福建武夷山区少数民族妇女。发参(san 三)琴：头发下垂貌。
[3]簪(zān 咱阴平)：插戴。辛弃疾《祝英台近》："鬓边觑，应把花卜归期，才簪又重数。"

65. 在舟中回望天游一览楼已在天上

一楼高立万峰巅，
远望迢迢在半天。
昨日幸侬楼上住，
不然还道住神仙。

Looking back at the Tower on Tian-you Peak in the Sky

There stands a tower over the peaks in the air.

It's hanging in the sky far from away.

People would say an immortal had stayed there

If I had not been there the previous day.

注：
[1]此诗作于乾隆五十年(1785)，原见《小仓山房诗集》卷三十一。诗写舟中回望一览楼的刹那间感受，写出登仙般的"游趣"。天游，天游峰，在福建武夷山。一览楼：在天游峰顶。
[2]迢迢：遥远的样子。
[3]侬：我。

66. 雨过

雨过山洗容，
云来山入梦。
云雨自往来，
青山原不动。

After the Rain

After the rain, the hill is clean and clear.

It enters a dream when the clouds arrive.

Freely clouds come and rains appear.

The hill will stand firm and thrive.

注：
[1] 此诗作于乾隆五十年(1785)，原见《小仓山房诗集》卷三十一。诗通过"雨过"、"云来"的自然变化，写"不动"之"青山"的景色变幻，体现出"美是关系"的哲理。
[2] 洗容：是说雨后山色清新。
[3] 山入梦：是说山色迷蒙。

67. 春日偶吟（十三首选二其一）

万里游归说武夷，
江山成就六年诗。
而今自笑无游处，
闲步柴门数竹枝。

A Casual Chant in Spring (I of II among XIII)

After myriad tours I talked about Mount Wuyi,

Six years saw how I wrote poems and travel more.

Having no scenic spot to go to, today I laugh at me

Strolling and counting bamboo poles at my door.

注：
[1]此组诗作于乾隆五十二年(1787)，原见《小仓山房诗集》卷三十二。诗印证了创作须"读万卷书，行万里路"的艺术规律，一旦无游处则只能"数竹枝"而已。
[2]武夷：武夷山，福建第一名山，在崇安城西南十公里。
[3]"江山"句：谓自乾隆四十七年(1782)出去游历名山大川近六年，写了不少诗。

68. 春日偶吟（十三首选二其二）

草木争春各不同，
碧桃文杏两般红。
竹因叶密声招雨，
兰为香多性爱风。

A Casual Chant in Spring (II of II among XIII)

Plants differ with trees on beauty in spring;

Can peach blossoms surpass apricot flowers?

The bamboo leaves rain drops beat and swing;

Orchids like the wind to send fragrance of hers.

注：
[1]诗写草木争春，善于抓住不同草木的主要特征，又赋以灵性，增添了浓郁的生趣。争春，在春天争芳斗艳。苏轼《除醇花菩萨泉》："除不争春，寂寞开最晚。"
[2]碧桃：重瓣的桃花，色白或粉红、深红。郎士元《听邻家吹笙》："重门深锁无寻处，疑有碧桃千树花。"文杏：杏树的异种。《西京杂记》："初修上林苑，群臣远方各献名果异树……杏二：文杏、蓬莱杏。"

69. 庚戌春暮寓西湖孙氏宝石山庄，临行赋诗纪事

（十二首选一）

红妆也爱鲁灵光，

问字争来宝石庄。

压倒三千桃李树，

星娥月姊在门墙。

Ode to Women Disciples (I of XII)

The beauties think I'm one of the angels,

Rushing to learn poetry at Gemstone Lodge.

I'm better than Confucius' disciples,

Outside the door you see the fairies dodge.

注：

[1]此组诗作于乾隆五十五年庚戌(1790)，原见《小仓山房诗集》卷三十二。诗写与女弟子之西湖诗会，很为众女弟子之好学多才而自豪，显示出蔑视封建礼教的精神。西湖，杭州西湖。孙氏，孙令宜。宝石山庄，当在西湖北岸的宝石山麓。

[2]红妆：原谓女子盛妆，后亦指美妙的女子。苏轼《海棠》："只恐夜深花睡去，更烧红烛照红妆。"鲁灵光：原为汉代宫殿名。王文考《鲁灵光殿赋序》："自西京未央、建章之殿，皆见隳坏，而灵光岿然独存。"后因称硕果仅存的人或事物为鲁灵光。此作者自称。

[3]问字：此指求教写诗。

[4]三千桃李树：比喻孔子三千弟子。桃李：比喻所培养的学生。白居易《春和令公绿野堂种花》："令公桃李满天下，何用堂前更种花。"

[5]星娥月姊：比喻作者的女弟子。星娥，织女。月姊，嫦娥。李商隐《圣女祠》："星娥一去后，月姊更来无?"门墙：师门。

70. 遣 兴（二十四首选四其一）

爱好由来落笔难，
一诗千改始心安。
阿婆还是初笄女，
头未梳成不许看。

My Entertainments (I of IV among XXIV)

A good poem is always hard to be written very soon.

I only feel assured when it is revised again and again.

I am like an old woman who is still a grown-up girl.

Before I comb my hair, I am not allowed to be seen.

注：
[1]此组诗作于乾隆五十六年(1791)，原见《小仓山房诗集》卷三十三。诗写改诗的重要性，后两句比喻通俗而新颖，妙语解颐，极富风趣。
[2]爱好：谓追求艺术价值高的诗作。
[3]阿婆：此作者自喻。初笄(ji 机)女：指刚成年女子。
[4]看(kān 刊)：欣赏。

71. 遣 兴（二十四首选四其二）

独来独往一枝藤，
上下千年力不胜。
若问随园诗学某，
三唐两宋有谁应？

My Entertainments (II of IV among XXIV)

I am a vine and go about all alone,

But still unversed after many years.

If you want to know from whom I clone,

Poets of past dynasties would shed tears.

注：
[1]诗写自己创作爱独不爱同，不盲目追随古人，末句以反诘句道出，益显自信与自豪。独来独往，摆脱外物的束缚而独自往来。《庄子·在宥》："出入六合，游乎九州。独往独来，是谓独有；独有之人，是谓至贵。"
[2]"上下"句：意谓如果追随千馀年来的古人将是力不胜任的。
[3]随园：诗人自称随园老人。
[4]三唐：整个唐代。两宋：谓宋代之北宋与南宋。

72. 遣 兴 （二十四首选四其三）

但肯寻诗便有诗，
灵犀一点是吾师。
夕阳芳草寻常物，
解用都为绝妙词。

My Entertainments (III of IV among XXIV)

Once you seek poetry, poetry will appear.

Perception and inspiration are a teacher.

The setting sun and grass are common things.

If you use them well, you write superb poetry.

[1]诗标举灵性在创作中的重要性，是作者"性灵说"的主要论旨之一；认为笔性灵者下笔则触处生春，强调的是天赋、诗才。灵犀(xi 西)，犀牛角。古代把犀牛角视为灵异之物。犀角中心的髓质如白线直通两头，感应灵敏。李商隐《无题》："身无彩凤双飞翼，必有灵犀一点通。"此处指灵性。
[2]解用：懂得采用。

73. 遣 兴 （二十四首选四其四）

郑/孔门前不掉头，
程/朱席上懒勾留。
一帆直渡东沂水，
文学班中访子游。

My Entertainments (IV of IV among XXIV)

I do not read Zheng and Kong's Neo-Confucianist works.

Nor concern myself with Cheng and Zhu's philosophy.

I sail on River Yi to seek the Confucian works

To visit Zi You a Confucian litterateur in history.

注：
[1]诗表达既反对理学，亦不屑汉学，而独钟情"文学"的思想，但用具体形象抒写，故无枯燥乏味之弊。郑、孔，郑玄(127—200)与孔颖达(574—648)。郑玄为东汉经学家，孔颖达为唐代经学家。掉头，回头。陆游《送王季嘉赴湖南漕司主管官》："王子掉头去，长沙万里馀。"
[2]程、朱：程颢(1032—1085)、程颐(1033—1107)与朱熹(1130—1200)，分别为北宋与南宋的理学家。勾留：停留，耽搁。白居易《春题涧上》："未能抛得杭州去，一半勾留是此湖。"
[3]沂(yi 移)水：源出山东曲阜东南的尼丘，西流经曲阜。《论语·先进》："浴乎沂。"此指代孔子故乡曲阜。
[4]文学：文章博学。子游(前 509—?)：春秋时吴国人，孔子学生，擅长文学。《论语·先进》："文学：子游、子夏。"

74. 纸鸢

纸鸢风骨假棱增，
蹑惯云霄自觉能。
一旦风停落泥滓，
低飞还不及苍蝇。

Paper Kites

The frames of kites are made of bamboo chips,

They swell with pride when they fly in the sky.

In case the wind is weak, they'll end their trips,

The mud finds they fly even lower than a fly.

注：
[1]此诗作于乾隆五十六年(1791)，原见《小仓山房诗集》卷三十三。诗借纸鸢讽刺不学无术、依仗权势飞黄腾达者，寥寥几笔，使之神形俱现。纸鸢(yuān 冤)，即风筝。宋高承《事物纪原》：“纸鸢俗谓之风筝。”
[2]风骨：原谓人的风神骨相。《宋书·武帝纪》：“风骨奇特。”此指纸鸢的风采骨架。棱增(céng 层)：高峻突兀的样子。
[3]蹑(niè 聂)：登。能：有能耐。
[4]泥 滓(zǐ 子)：泥污。

75. 高青士、左兰城两生远送江口，依依不舍，不能无诗（二首选一）

江上春寒鬓上霜，

归心如箭趁朝阳。

好风且莫吹篷满，

尚有门生岸上望。

Reluctant to Part (I of II)

The Yangtze sees my hair covered with frost,

And I'm impatient to get back at dawn.

My boat is in full sail, but I feel lost,

When my students on shore have not withdrawn.

注：

[1]此二首诗作于乾隆五十七年(1792)，原见《小仓山房诗集》卷三十四。诗借助矛盾的心理活动，抒写对门生的依依真情，发自性灵，真切感人。生，门生，弟子。江口，长江口。

[2]鬓上霜：指鬓发白。

[3]篷：船帆。

76. 成　败

成败论千古，
人间最不公。
苻坚窦建德，
终竟是英雄。

Success or Failure

The biggest injustice on earth

Is to judge men by their success.

Fu Jian and Dou Jian-de are worth

Praising as heroes as I stress.

注：

[1] 此诗作于乾隆五十八年(1793)，原见《小仓山房诗集》卷三十四。诗翻"成则为王，败则为寇"传统观念之案，视苻坚、窦建德为"英雄"，堪称独具只眼，胆识过人。

[2] "成败"句：谓以成功或失败来评论历史人物。

[3] 苻(fú 福)坚(338—385)：十六国时期前秦皇帝，曾攻灭前燕、前凉、代国，统一了北方大部分地区，并夺取东晋的益州。建元十九年(383)调集九十万军队攻晋，在淝水之战中惨败，后于建元二十一年(385)为羌族首领姚苌擒杀。窦建德(573—621)：隋末河北农民起义领袖。大业十四年(618)称夏王，建都东寿(今河北献县)，改年号为五凤，国号夏。五凤四年(621)率军驰援围攻洛阳王世充的李世民，连下管州、阳翟、荥阳等地，在牛口布阵，因轻敌，兵败被俘，被杀于长安。

77. 重 阳

重阳时节雨昏昏，
座上黄花笑欲言：
莫道催租无吏到，
恐催诗债要敲门。

The Double-ninth Day

The rain falls thick during the Double-ninth Day,

At home blooming chrysanthemums wear smiles:

Say not the man pressing for rent is far away.

I fear the man pressing for poetry stand in the aisles.

注：
[1] 此诗作于乾隆六十年(1795)，原见《小仓山房诗集》卷三十五。诗以含蓄诙谐之笔写出重阳节赏菊赋诗之意，作者虽已是八十高龄老翁，仍不失其赤子之心。重阳，节令名。农历九月初九叫"重阳"。
[2] "重阳"句：此句化用杜牧《清明》诗"清明时节雨纷纷"句式。雨昏昏：秋雨昏暗貌。
[3] 黄花：菊花。《淮南子·时则训》："菊有黄华(花)。"
[4] 此两句源于惠洪《冷斋夜话》卷四：黄州潘大临工诗，多佳句，然甚贫。临川谢无逸以书问有新作否，潘答书曰："秋来景物件件是佳句，恨为俗气所蔽翳。昨日闲卧，闻搅林风雨声，欣然起题壁曰：'满城风雨近重阳'，忽催租人至，遂败意，止此一句奉寄。"

78. 记 得

记得儿时语最狂，
立名最小是文章。
而今八十平头矣，
犹为文章镇日忙。

Persistence

I remember in my teens the crazy talk,

I made a poem with a poem at thirteen.

Today I'm already eighty years old

I'm still writing all day, eager and keen.

注：
[1]此诗作于乾隆六十年(1795)，原见《小仓山房诗集》卷三十六。诗回顾一生以"文章"立名，至老犹在努力，反映了不断进取的人生态度。
[2]狂：狂妄。
[3]立名：树立名声。句下原注："十三岁先生命赋诗言志"。
[4]八十平头：即八十整。
[5]镇日：整天。

79. 歌者天然官索诗（二首选一）

何必当筵唱<u>浣纱</u>，
但呼小字便妍华。
万般物是天然好，
野卉终胜剪彩花。

Singer Tian-ran-guan Asking for Poems (I of II)

You needn't sing a silk-wash song at the banquet.

But your infant name is pleasant to my ear.

All natural things are fine we must admit,

Afore silk-cut flowers, wild ones are dearer.

注：
[1] 此诗作于乾隆六十年(1795)，原见《小仓山房诗集》卷三十六。诗借歌者的"小字"之题，而发挥其崇尚"万般物是天然好"的审美观，倡导诗贵自然、无须雕琢的"性灵说"主张。天然官，歌者的小名。
[2] 《浣(huàn 换)纱》：《浣纱溪》，亦作《浣溪纱》，唐教坊曲名。后用为词牌。
[3] 小字：小名，乳名。《后汉书·傅燮传》："燮慨然而叹，呼(子)干小字曰：'别成！汝知吾必死邪？'"此指"天然官"。妍华：美好。
[4] 天然：天生，自然。王粲《槐赋》："惟中唐之奇树，禀天然之淑姿。"
[5] 野卉：野草。剪彩花：用彩色丝绸剪出的假花。

80. 杂书十一绝句 （选二其一）

小立芳塘有所思，
休文绮语合删迟。
中通外直莲花性，
尚有缠绵不断丝。

Eleven Quatrains of Different Ideas (I of II)

I thought of something standing near a sweet pond:

We should give up too-nice phrases and words.

I see the essence of hollow lotus stalks beyond,

Their fibers hold to help them stand upwards.

注：
[1]此组诗作于嘉庆元年(1796)，原见《小仓山房诗集》卷三十六。诗借写莲花倡导诗"清水出芙蓉，天然去雕饰"(李白)的自然朴素之美，以及诗写情思的性情观。
[2]芳塘：谓开满莲花的水塘。
[3]休文：美文。休，美。《诗·商颂·长发》："何天之休。"郑玄笺："休，美也。"绮语：美妙的语句。苏轼《登州海市》："新诗绮语亦安用?"此实指浮靡之词。合：应。
[4]丝：兼含谐音"思"之意。

81. 杂书十一绝句（选二其二）

标声四起夜沉沉，
静掩萧斋独自吟。
花影到窗知月上，
虫声如雨识秋深。

Eleven Quatrains of Different Ideas (II of II)

There comes the watchman's voice at dead of night.

I calmly hum verse alone in my bleak-reading room.

When flower shadows on the window know the moon is up

The chirps of worms mean they will meet their doom.

注：
[1]诗写八十一岁高龄的风烛残年之感，冷寂的环境与萧索的心境，不无悲凉的意味。标(tuò 拓)声，巡夜者报更的木梆声。
[2]萧斋：萧瑟的书斋。"萧斋"一词原本李肇《国史补》。吟：指吟诗。

82. 示儿（二首选一）

可晓尔翁用意深，
不教应试只教吟。
九州人尽知罗隐，
不在科名记上寻。

A Speech to My Son (I of II)

Have you understood my deep intention?

You should learn to verse not for examination.

Luo Yin, a failed exam taker, who can forget?

Find him a litterateur not in the list of examination.

注：
[1]此组诗作于嘉庆二年(1797)，原见《小仓山房诗集》卷三十七。诗希望儿子不要奔走于仕途，"不在科名记上寻"。这其中自有诗人对"科名"的深刻认识。示儿，给儿子看。陆游早有《示儿》诗。儿，指阿通、阿迟。
[2]尔翁：你的父亲。此作者自称。
[3]"不教"句：谓不让儿子参加科举考试，只教写诗。
[4]九州：谓中国。参见《元旦后二日过牛首宿丛云楼》注[6]。罗隐(833—909)：唐文学家。字昭谏，余杭人，一说新登(今浙江桐庐人)，十举进士不第，其收在《谗书》中散文小品皆愤懑不平之言，诗亦有讽刺之作。
[5]科名：科举考试被录取。

83. 诗城诗（四首选二其一）

十丈长廊万首诗，
谁家斗富敢如斯？
请看珠玉三千首，
可胜珊瑚七尺枝！

Ode to My Aisle Full of Poems (I of II among IV)

Ten thousand poems lie along my aisle,

Tell me who dares to store poems like this.

There have been three thousand poems on file,

Superior to the high coral of Bliss.

注：

[1]此组诗作于嘉庆二年(1797)，原见《小仓山房诗集》卷三十七。时作者已是年逾八旬的老翁，但一提及"诗城"仍充满豪情胜概，显示出诗人爱诗的热忱与激动。诗中用"斗富"之典甚为贴切，而又不见痕迹。诗城，作者于诗前小序云："余山居五十年，四方投赠之章儿至万首。梓其尤者，其底本及馀诗无安置所，乃造长廊百馀尺，而尽糊之壁间，号曰'诗城'。"

[2]斗富：此用《世说新语·汰侈》石崇与王恺斗富争豪之典："石崇与王恺争豪，并穷绮丽以饰舆服。武帝，恺之甥也，每助恺，尝以一珊瑚树高二尺许赐恺，枝柯扶疏，世罕其比。恺以示崇，崇视讫，以铁如意击之，应手而碎。恺既惋惜，又以为疾己之宝，声色甚厉。崇曰：'不足恨，今还卿。'乃命左右悉取珊瑚树，有三尺四尺，条干绝世，光采溢目者六七枚，如恺许比甚众，恺惘然自失。"敢如斯：敢如此。指诗城万首诗。

[3]珠玉：喻诗之佳美者。杜甫《奉和贾至舍人早朝大明宫》："诗成珠玉在挥毫。"

[4]珊瑚七尺枝：珊瑚中之极珍贵者。珊瑚是热带海洋中的腔肠动物，骨骼相连，形如树枝，又名珊瑚树，一般大者高三尺馀。此言"七尺枝"乃极言其珍贵罕见。

84. 诗城诗（四首选二其二）

城下梅花千树栽，
罗浮春到一齐开。
参横月落群仙降，
定与诗魂共往来。

Ode to my Aisle Full of Poems (II of II among IV)

In Luo-fu grow thousands of plums beneath the aisle,

They will all bloom together when spring arrives.

The moon observes the fairies descend and meanwhile,

They'll talk with Qu Yuan soul of poetry about their lives.

注：

[1]诗写诗城以梅花相映衬、"群仙"相烘托，突出诗城之美与诗魂之长在。城，即诗城长廊。

[2]罗浮：山名。在广东增城、博罗、河源等县间。据旧题柳宗元《龙城录》载：隋开皇中，赵师雄迁罗浮，日暮于松林酒肆旁见一美人，淡妆素服出迎，与语，芳香袭人，因与其于酒家共饮。赵师雄酒醉，比醒，起视乃在梅花树下。故"罗浮"与梅花有关。

[3]参(shen 深)横：参星已落，形容夜深。曹植《善哉行》："月没参横，北斗阑干。"

[4]诗魂：诗之魂魄。李建勋《春雪》："闲听不寐诗魂爽，净吃无厌酒肺干。"此处译者采用"百度解读"：诗魂指诗人屈原。

85. 范希文

黄阁风裁第一清，
宋朝名相半书生。
西边经略成何事，
尚劝横渠莫论兵。

Ode to Fan Zhong-yan

As prime minister of the <u>Song</u> Dynasty,

You were a clean and ethical scholar.

Although the northwest battles troubled thee,

You told <u>Zhang</u> not to research war thereafter.

解读：
[1]首句赞美其高风亮节，"黄阁风裁第一清"。诗人说范公作风正派，可谓北宋初期第一清。黄阁，借指宰相，因为范仲淹曾担任过参知政事，相当于副宰相。这里化用皮日休的诗句，黄阁三十年，清风一万古。风裁，即指刚正不阿的品格。
[2]次句是比较中肯的评价，"宋朝名相半书生"。袁枚认为范公虽然是一代名相，但更是一个十足的书生。范仲淹虽然没有被列入唐宋八大家，但是他的诗文水平都极其高超。
[3]"西边经略成何事，尚劝横渠莫论兵。"范仲淹曾经担任过陕西经略安抚招讨副使，在他驻守边防期间，有一位叫张载的书生曾经与他有过一段交往。张载是北宋著名的理学家，因为他家在陕西横渠，又写过横渠四句的名言，人称"横渠先生"。
[4]张载的家乡离边关很近，他曾目睹和遭遇过西夏军队的侵扰，便写了《边议九条》，向当时主持西北边防的范公上书。范仲淹虽然很欣赏他的勇气和学识，但又对他加以点拨，"儒者自有名教可乐，何事于兵？"张载也如醍醐灌顶，从此便潜心钻研传统典籍，并开创了自己的学说体系。

86. 十二月十五夜

沉沉更鼓急，
渐渐人声绝。
吹灯窗更明，
月照一天雪。

On the Night of Lunar December 15th

The dull drumbeats are heard at night,

Which calms my roaring neighbors soon.

When the lamp is out, the window is still bright,

Snow of a whole day is shone on by the moon.

译文：

闷声的更鼓从远处一阵紧一阵地传来，忙碌的人们陆续入睡，市井的吵闹声慢慢平息下来，我也吹灭油灯准备入睡，但灯灭后却发现房间更亮了，原来因为夜空正高悬明月，大地又撒满白雪，明亮的圆月与白雪交相映照在窗上，使房间显得比吹灯前还要明亮。

注：

[1]沉沉：指从远处传来的断断续续的声音。更(gēng)鼓：旧时一夜分成五更，每次更大约两小时，晚上派专人巡夜，打鼓报道时刻，叫做"打更"，打更用的鼓叫"更鼓"。

[2]绝：这里是消失的意思。

[3]后两句是说：把灯吹灭后，因为窗外有月亮，又有雪光映射，所以窗子里面反而显得更加明亮了。

87. 偶作五绝句

偶寻半开梅，
闲倚一竿竹。
儿童不知春，
问草何故绿。

An Inadvertent Five-character Quatrain

It is occasionally found a plum is blooming,

Against a bamboo pole it does lean.

A small child knows not it is now spring

And asks why grass grows so green.

译文：
偶然寻到半开的梅花，悠闲地倚一杆翠竹，孩子不知道春天来了，天真地问草怎么绿了。

88. 消夏诗

不着衣冠近半年，
水云深处抱花眠。
平生自想无官乐，
第一骄人六月天。

Spending the Summer at Leisure

I am away from my official suit half a year,

So I sleep in fairyland with flowers in hand.

I always delight in not being an official,

Otherwise how can I spend a summer so grand?

译文：

[1]辞官归隐随园快半年了，不戴官帽，不着官服，还真是自在，这也是自己平生向往的快乐生活。

让自己心满意足的是，在暑气灼人的六月天不必衙内坐班，可以随心所欲地放舟水云深处避暑。

[2]我不穿官服戴官帽时间已将近半年，在水云相接幽静地方抱着鲜花睡眠。这辈子想做的事情是不当官的快乐，第一次这样度过值得骄傲的六月天。

89. 西湖小竹枝词（五首选一）

远远韬光磬，
声声净慈钟。
鸳鸯听不得，
飞上北高峰。

Five-character Folk Songs of the West Lake (I of V)

Bells toll from the remote <u>Tao-guang</u> Temple,

Along with tolling sound from <u>Jing-ci</u> Temple.

Lovebirds cannot bear to listen to such sound

And fly away to the North Peak to dwell.

注：
[1]此组诗作于乾隆四十四年(1779)，原见《小仓山房诗集》卷二十六。诗写西湖寺庙钟磬之钟，乃佛教出世之音，故"鸳鸯听不得"，诙谐有趣。竹枝词，乐府《近代曲》名。原为四川东部民歌。唐刘禹锡据民歌改作新词，盛行于世。内容多为咏男女爱情与风土人情。形式为七绝。此组诗系五绝，故云"小竹枝词"。
[2]韬光：韬光寺。在杭州灵隐寺西北的巢梅坞内。韬光是唐代四川著名诗僧的法号。他在这里兴建了一座寺院。寺以人名。磬(qìng 庆)：指佛寺中敲击以集僧的鸣器。姚合《寄无可上人》："多年松色别，后夜磬声秋。"此处指磬声。
[3]净慈：净慈寺。座落在杭州南屏山麓，是五代后周显德元年(954)吴越王钱弘为永明阐师而建。钟：净慈寺前有"南屏晚钟"的碑亭。净慈寺钟声悠扬，为"西湖十景"之一。明洪武十一年(1379)以二万馀斤铜重铸一口大钟，钟声更响。
[4]北高峰：在灵隐寺后，与南高峰构成"西湖十景"之一："双峰插云"。

90. 仿元遗山论诗（四十二首选一）

不相菲薄不相师，
公道持论我最知；
一代正宗才力薄，
望溪文集阮亭诗。

Learning Comments from Mr. Yuan Yi-shan (I of XXXXII)

I despise not others nor praise myself high,

And I find out the unbiased comments.

Not all famed scholars are talented as I spy.

I admire Ruan Ting's collection of poetry.

注：
[1]不相菲薄：不看不起别人的才华和能力。
[2]不相师：不以为自己比别人更有才华和能力。
[3]公道持论：持有公正的见解。
[4]一代正宗：一代名家。
[5]才力薄：才华不足。
[6]望溪：地名，指江 西省南昌市南昌县望城山。
[7]文集：作品集。
[8]阮亭：唐代诗人。

91. 山中绝句（其一）

镇日山腰劚白云，
载量烟草活纷纷。
春衫不用金炉热，
自向百花香里熏。

Quatrains in a Hill (I)

The clouds on the slope see me work all day long,

I harvest crops and also dry my tobacco leaves.

My shirt needs not being dried by a stove hot and strong.

Different flowers will scent my rolled-up sleeves.

注：
[1]诗的前两句"镇日山腰劚白云，载量烟草活纷纷"描绘了诗人在山腰间劳作的情景。他整天在白云缭绕的山腰里劳作，斫去白云，同时也在忙着收割、晾晒烟草。这种淳朴、自然的劳动生活，给人一种清新、宁静的感觉13。
[2]后两句"春衫不用金炉热，自向百花香里熏"则表达了诗人在自然环境中的舒适和满足。春天温暖，他不需要烤炉加热来穿上金色的衣服，而是自然地沐浴在百花香气之中。这种对自然环境的享受，体现了诗人对田园生活的向往和赞美。

92. 山中绝句（其二）

青芦叶叶动春潮，
堤上杨花带雪飘。
满地月明仙鹤语，
碧天如水一枝箫。

Quatrains in a Hill (II)

Leaves of green reeds swayed in spring;

Over the dyke the catkins flew like snow.

Under the moon the cranes were chirping.

I saw the water like limpid sky a nice show.

注：

这首诗描绘了一幅春天的江南水边景色。"青芦叶叶动春潮"，形象生动地展现了芦苇在春潮中轻轻摇曳的场景，富有生机与活力。"堤上杨花带雪飘"，杨柳飞絮如同雪花般随风飘舞，增添了冬末春初的朦胧美。"满地月明仙鹤语"，月光皎洁，夜晚的寂静中仿佛能听到仙鹤的鸣叫声，营造出一种神秘而宁静的氛围。最后"碧天如水一枝箫"，以箫声比喻天空的清澈，整个画面宛如一幅淡雅的水墨画，诗人的情感融入其中，给人以空灵之感。

93. 遣兴杂诗（七首选二其一）

枕上推敲忘夜长，
苦吟人与睡相妨。
无端窗外风涛急，
生恐蛟龙走上床。

Poems with Emotional Casualness (I of II among VII)

I forgot the long night as I weighed my words abed.

The weighing prevented me from sleeping at night.

Without reason outside the window a storm roared.

I was afraid the flood dragon might come to my bed.

注：

[1] 此组诗作于乾隆四十六年(1781)，原见《小仓山房诗集》卷二十七。诗写长夜苦吟情景，已进入"无差别境界"，反映了作者对艺术的刻苦追求。遣兴，排遣、抒发触景所生之情。

[2] 推敲：谓创作时斟酌字句，反复考虑。据胡仔《苕溪渔隐丛话前集》卷十九引《刘公嘉话》："(贾)岛初赴举京师，一日于驴上得句云：'鸟宿池边树，僧敲月下门。始欲着'推'字，又欲着'敲'字，练之未定，遂于驴上吟哦，时时引手作推敲之势。时韩愈吏部权京兆，岛不觉冲至第三节，左右拥至尹前，岛具对所得诗句云云。韩立马良久，谓岛曰：'作"敲"字佳矣。'"

[3] 苦吟人：作者自称。苦吟，参见《自嘲》注[2]。与睡相妨：谓睡不着觉。

[4] 无端：无缘无故。杜牧《送故人归山》："三清洞里无端别，又拂尘衣欲卧云。"

94. 遣兴杂诗（七首选二其二）

小步闲拖六尺藤，
空山来往健如僧。
栽花忙处儿呼饭，
夜读深时妾屏灯。

Poems with Emotional Casualness (II of II among VII)

I took a leisurely stroll dragging my two-meter-high body.

I climbed the unpeopled hill, like monks walking swiftly.

When I was busy planting flowers, my kids'd call me for meal;

When I read till deep night, my wife'd take the lamp away.

译文：
[1] 虽然人生迟暮，却还能登山临水，如山僧那般健步如飞；在家的时候，就打理园林侍弄花草，红袖添香秉烛夜读。
[2] 我在花园里栽花，正在忙乱的时候，儿女们已在那儿呼唤我过去吃饭；夜里在灯下看书，读到深夜的时候，妾女却把灯火拿走了。原诗描写读书人在田园幽居，耕读为生，逍遥自得，乐趣无穷；而作者自然的语调，更是给人一种十分亲切的感觉。

95. 春风

春风如贵客，
一到便繁华。
来扫千山雪，
归留万国花。

The Spring Breeze

The breeze was like an honored guest.

When it arrived, the world turned green.

It cleaned the snow from east to west,

Leaving clusters of flowers as were seen.

译文：
[1] 春风就像贵客一般，所到之地立刻繁华起来。春风吹来时融化千山的积雪，吹过后留下万国的花香。

96. 偶作五绝句（选一）

月下扫花影，
扫勤花不动。
停帚待微风，
忽然花影弄。

Five Inadvertent Quatrains (I)

I was helpless under the moon

To sweep the flower shadows away.

I put down my broom very soon.

A sudden breeze helped them sway.

注：
[1]此组绝句作于乾隆三十年(1765)，原见《小仓山房诗集》卷十九。 袁枚景物小诗多观察细致，表现新巧，有情趣。由此诗可见一斑。
[2]花影弄：即花弄影。张先《天仙子》："云破月来花弄影。"弄，摆弄， 摇动。

97. 题画

村落晚晴天，
桃花映水鲜。
牧童何处去，
牛背一鸥眠。

A Portrait of a Village

At dusk the village sky was clear,

Fresh flowers reflected in water near.

To where was the cowboy going?

On his cow's back a seagull was sleeping.

译文：
[1]乡村傍晚雨后初晴的天空格外明朗，桃花映照在水中，显得更加鲜艳。放牛的牧童也不知道去哪里了，只看见远处牛背上有一只鸥鸟，正睡得香甜。
注：
[1]晚晴：傍晚雨后初晴。何处：哪里，什么地方。

98. 寒夜

寒夜读书忘却眠，
锦衾香尽炉无烟。
美人含怒夺灯去，
问郎知是几更天！

A Chilly Night

For reading I forgot to sleep on a night so chilly;

The wood burner used for heating was already out.

My beautiful wife took away the lamp angrily,

"You see. What time is it?" She started to shout.

译文：

[1]在寒冷的冬夜里，我正在专心致志的读书，以至于忘记了睡眠。烘锦被的香已经烧烬，用来取暖的火炉已经无烟。 屋子渐渐变得寒冷，美人过来一把夺过灯去，面带怒容说道：“天气十分寒冷，夜已经很深了，怎么还不休息呢”

99. 偶步

偶步西廊下，
幽兰一朵开。
是谁先报信，
便有蜜蜂来。

A Casual Walk

I walked along the western aisle,

And saw an orchid was blooming.

News had spread for quite a while,

Otherwise where are bees humming?

译文
[1]偶尔来西边的走廊下散步，看到一朵兰花静静的开放着。是谁先把消息传出去的呢？不然怎么会有蜜蜂比我早来？
注释
[1]偶步：偶尔散步。

100. 题桃花

二月春归风雨天，
碧桃花下感流年。
残红尚有三千树，
不及初开一朵鲜。

Ode to Peach Flowers

Spring returns in rain and wind in February.

Time goes by so quickly under peach flowers.

There are residual flowers in front of me.

I prefer a flower in its first blooming hour.

译文：
[1]二月的时候，春天又回来了，又开始刮起了春风，下起了春雨。在怒放的桃花下，感叹时光飞逝。虽然很多树上还有残留的花，却都比不上刚开的那个一朵鲜艳美丽。

注：
[1]碧桃：桃树的一种。花重瓣，不结实，供观赏和药用。一名千叶桃。

101. 桐江作（四首选一）

久别天台路已迷，
眼前尚觉白云低。
诗人用笔求遒峭，
何不看山到浙西？

A Trip along River Tong (I of IV)

I'm lost in Tian-tai Mountain already,

And see lower white clouds afore me.

If poets write on pretty hills or brooks,

Why not to west Zhe-jiang take their journey?

译文：
[1]久别天台，路已经迷失，眼前似乎只能看到低垂的白云。如果诗人想要寻找更加峻峭的山水，不妨去浙江西部看看

102. 再题贾太傅祠

一别先生五十年，
洛阳年少也华颠。
自怜枉受吴公荐，
白首重来意惘然。

Ode to the Former Residence of Jia Yi

Since I last saw you it is already fifty years,

You, a promising young scholar from Luoyang.

Though Wu Gong promoted you, you shed tears.

When old you returned, you found all was gone.

解读：
[1] 袁枚得长沙人喜欢，可能是因为他崇拜贾谊，一生两度至长沙专程参谒太傅祠。第一次在乾隆元年（1736 年），他千里迢迢往依其在广西巡抚衙门做幕僚的叔父，路过长沙后写了《长沙谒贾谊祠》。到乾隆四十九年（1784 年），袁枚已经在文坛上独树一帜，海内知名，他又重访贾谊祠，一口气写了五首七言绝句。
[2] 贾太傅祠：长沙市太平街太傅里，传为贾谊故居。

致　谢

　　译集中"注释"来自于苏州大学王英志老师编著的《袁枚诗选》。他的注释给译集的翻译工作带来了极大便利。编者和译者对他表示感谢！

宿迁学院翻译研究中心主任　丁后银

Acknowledgment

The "Annotations" in the translation are from "Selected Poems of Yuan Mei", which was compiled by Professor Wang Ying-zhi from Suzhou University. His annotations have brought great convenience to the translation work of the collection. Both editors and translators express their thanks to him!

Ding Hou-yin
Director of the Translation Research Center of Suqian University